PRIX DE PHOTOGRAPHIE ENVIRONNEMENTALE

FONDATION PRINCE ALBERT II DE MONACO

2022

ENVIRONMENTAL PHOTOGRAPHY AWARD

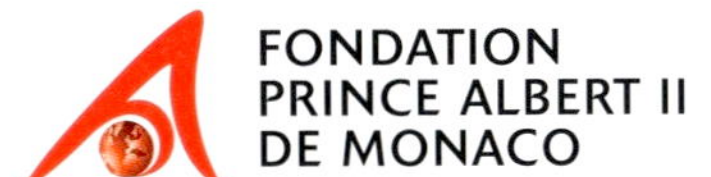

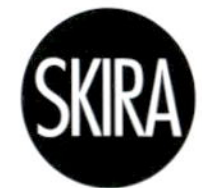

Cet ouvrage est publié à l'occasion de la 2ème édition du Prix de Photographie Environnementale de la Fondation Prince Albert II de Monaco.

This book is published on the occasion of the 2nd edition of the Environmental Photography Award of the Prince Albert II of Monaco Foundation.

L'édition 2022 du Prix de Photographie Environnementale, ainsi que l'exposition à laquelle elle a donné lieu, ont bénéficié du soutien de :

The edition 2022 of the Environmental Photography Award, as well as the exhibition to which it gave rise, benefited from the support of:

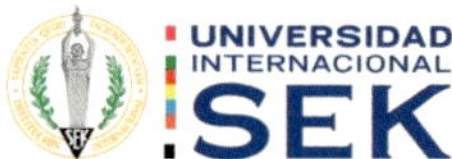
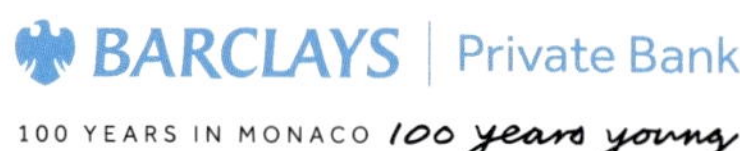

REPOSSI

Remerciements

La Fondation Prince Albert II de Monaco remercie le jury du Prix de Photographie Environnementale 2022, composé de photographes professionnels et de représentants d'entités engagées en faveur d'un développement plus durable : Ragnar Axelsson, Laurent Ballesta, Nick Danziger, Frederick Dharshie Wissah, Daisy Gilardini, Sergio Pitamitz, Gaia Repossi, Kathleen Ricker, Ami Vitale.

La Fondation remercie également pour leur soutien la Barclays Private Bank, en la personne de M. Gérald Mathieu, Directeur de la Banque Privée Europe et Moyen Orient & CEO Barclays Monaco, la Maison de joaillerie Repossi et Mme Anne de Vergeron, Directrice générale, ainsi que l'Université Internationale SEK, dirigée par le Dr Jorge Segovia, Président du Conseil Supérieur.

Enfin, la Fondation Prince Albert II de Monaco tient à exprimer sa gratitude envers M. Patrice Cellario, Conseiller de Gouvernement - Ministre de l'Intérieur qui a rendu possible la tenue de l'exposition, ainsi que toutes les autres personnes qui ont contribué, d'une manière ou d'une autre, à sa réalisation.

Acknowledgements

The Prince Albert II of Monaco Foundation would like to thank the Jury for the Environmental Photography Award 2022, made up of professional photographers and representatives of entities committed to more sustainable development: Ragnar Axelsson, Laurent Ballesta, Nick Danziger, Frederick Dharshie Wissah, Daisy Gilardini, Sergio Pitamitz, Gaia Repossi, Kathleen Ricker, Ami Vitale.

The Foundation would also like to thank for their support the Barclays Private Bank, in the person of Mr. Gérald Mathieu, Head of Private Bank Europe and Middle East & CEO Barclays Monaco, the jewelry house Repossi and Mrs. Anne de Vergeron, CEO, and the SEK International University, led by Dr Jorge Segovia, Chairman of the Superior Council.

Finally, the Prince Albert II of Monaco Foundation would like to express its gratitude to Mr. Patrice Cellario, Minister of Interior, who made it possible to hold the exhibition, as well as all the other people who contributed, in one way or another, to its achievement.

66 Célébrer l'incroyable beauté de notre planète, tout en mettant en lumière les défis environnementaux auxquels nous sommes aujourd'hui confrontés, est au cœur de cette deuxième édition du Prix de Photographie Environnementale. L'art photographique s'adresse, de manière immédiate et universelle, à tous les publics et représente un formidable vecteur de sensibilisation. Si les prix décernés récompensent la maîtrise technique et la qualité esthétique des images, c'est avant tout l'œil du photographe qui est mis à l'honneur, la force de son message, son émotion et ses espoirs face à une réalité capturée. Je salue l'engagement de ces acteurs et la prise de conscience collective à laquelle leur travail contribue.

S.A.S. le Prince Albert II de Monaco

66 Celebrating the incredible beauty of our planet, while highlighting the environmental challenges we face today, is at the heart of this second edition of the Environmental Photography Award. Photographic art is immediately and universally accessible to all audiences and is a powerful vehicle for raising awareness. Although the prizes reward the technical mastery and the aesthetic quality of the images, they emphasize above all the photographer's eye, the strength of the message, the emotion and hopes in front of a captured reality. I salute the commitment of these actors and the collective awareness to which their work contributes.

HSH Prince Albert II of Monaco

THE PRINCE ALBERT II OF MONACO FOUNDATION

Founded in 2006 by HSH Prince Albert II of Monaco, the Foundation is a global non-profit organisation committed to progressing planetary health for current and future generations by co-creating initiatives and supporting hundreds of projects across our precious planet.

The Prince Albert II of Monaco Foundation – which operates in three main geographical regions: the Mediterranean Basin, the polar regions and the least developed countries – has already granted over 92 million euros to support more than 720 projects aimed at limiting the effects of climate change, promoting renewable energies, protecting the ocean, preserving marine and terrestrial biodiversity, managing water resources and combating deforestation.

The Prince Albert II of Monaco Foundation's Environmental Photography Award was created in 2021, in honour of the Foundation's 15th anniversary, and aims to reward photographers who put their creativity to good use in raising awareness on environmental protection.

LA FONDATION PRINCE ALBERT II DE MONACO

Fondée en 2006 par S.A.S. le Prince Albert II de Monaco, la Fondation est une organisation internationale à but non lucratif, qui s'engage à faire progresser la santé planétaire pour les générations actuelles et futures en co-créant des initiatives et en soutenant des centaines de projets à travers notre précieuse planète.

La Fondation Prince Albert II de Monaco qui œuvre dans trois grandes régions géographiques : le bassin méditerranéen, les régions polaires et les pays les moins avancés a déjà accordé plus de 92 millions d'euros pour soutenir plus de 720 projets visant à limiter les effets du changement climatique, à promouvoir les énergies renouvelables, à protéger l'océan, à préserver la biodiversité marine et terrestre, à gérer les ressources en eau et à lutter contre la déforestation.

Le Prix de Photographie Environnementale de la Fondation Prince Albert II de Monaco a été créé en 2021, à l'occasion de son quinzième anniversaire, et récompense les photographes qui mettent leur créativité au service de la sensibilisation à la protection de l'environnement.

A new way of thinking our relationship with the world

While neither denying the great challenges that await us nor concealing the damage inflicted by humanity on nature, the photographs selected for the second edition of the Prince Albert II of Monaco Foundation's Environmental Photography Award reveal the incredible beauty that our planet harbours, from the polar regions to the depths of the ocean, or even nestled in the heart of ancestral forests.

By reflecting on our relationship towards nature and interrelation between human health and planetary health, the photographers invite us on a journey through images and deliver a message of hope; that together we can still act in a meaningful way, if we join forces to limit the effects of climate change and promote the resilience of ecosystems. Their testimonies encourage us to change, to innovate, to invent sustainable solutions in order to better rethink our lives and our economies. They reveal a real "field of possibilities" for new generations who aspire to a more harmonious relationship with nature.

It is up to each and every one of us to make this world, where we would coexist in a more responsible and prosperous way, possible. Now is the time for action.

Repenser notre relation au monde

Sans nier les grands défis qui nous attendent, ni occulter les dégâts infligés par l'humanité à la nature, les photographies sélectionnées pour la deuxième édition du Prix de Photographie Environnementale de la Fondation Prince Albert II de Monaco révèlent les beautés incroyables qu'abrite notre planète, des régions polaires aux profondeurs de l'océan, ou encore au cœur des forêts ancestrales.

En portant leur regard sur notre relation avec la nature et sur les liens étroits entre la santé humaine et la santé planétaire, les photographes nous invitent à un voyage en images et nous délivrent un message d'espoir ; celui qu'ensemble nous pouvons encore agir efficacement, si nous unissons nos forces pour limiter les effets du changement climatique et favoriser la résilience des écosystèmes. Leurs témoignages nous encouragent à changer, innover, inventer des solutions durables afin de mieux repenser nos vies, nos économies. Ils dévoilent un véritable « champ des possibles » pour les nouvelles générations aspirant à une relation plus harmonieuse avec la nature.

Il appartient à chacun d'entre nous de rendre possible ce monde où nous coexisterions de façon plus responsable et prospère. Le temps est désormais à l'action.

66 Les concours de photographie sont essentiels car ils nous permettent de donner une voix aux créatures et aux habitats en danger. Par leur capacité à toucher un public très large, ils contribuent à sensibiliser le plus grand nombre. La photographie primée cette année illustre de manière frappante les conséquences anthropiques dévastatrices de notre société de consommation. L'immobilité de l'image, obtenue par le cadrage de l'éléphant agonisant au centre de la photo, est à la fois poignante et horrible. Le devoir des photographes engagés est de stimuler les émotions du public afin de le faire passer de l'apathie à l'action. C'est exactement ce que fait la photo lauréate de cette année.

Daisy Gilardini, Présidente du Jury

66 *Photo contests are vitally important because they allow us to give a voice to creatures and habitats at risk. By reaching as wide an audience as possible, they help raise awareness among the general public. This year's winning image spotlights the stark evidence of the devastating anthropogenic consequences of our consumer-driven society. The stillness of the image, which is achieved by framing the agonized elephant in the middle of the picture, is both poignant and horrific. The duty of conservation photographers is to stir people's emotions in order to move them from apathy to action. This year's winning image does exactly that.*

Daisy Gilardini, President of the Jury

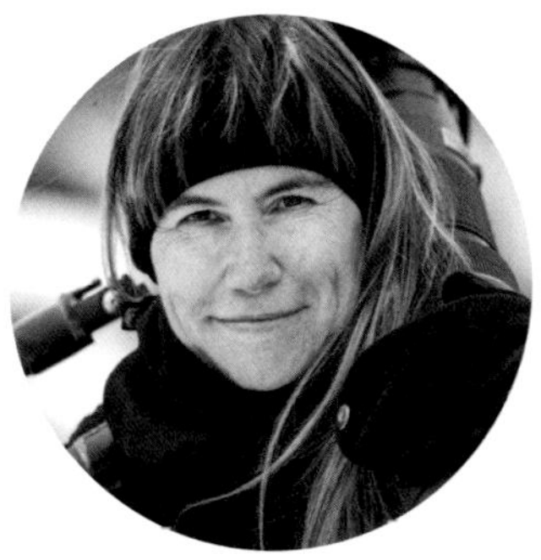

Daisy Gilardini
Suisse – *Switzerland*

Daisy Gilardini est une photographe de conservation spécialisée dans les régions polaires, et plus particulièrement dans la faune antarctique et les ours d'Amérique du Nord. Elle est tombée amoureuse de l'Antarctique lors de son premier voyage en 1997. Depuis, elle consacre la majeure partie de son temps à photographier les régions polaires. En vingt-trois ans d'exploration polaire, elle a participé à plus de quatre-vingt-dix expéditions en Antarctique et en Arctique. Elle est membre de l'International League of Conservation Photographers (iLCP) et du SeaLegacy Collective, membre de l'Explorers Club de New York et membre de la Société géographique royale du Canada. Son travail a été récompensé par les prix les plus prestigieux au monde, notamment le prix BBC Wildlife Photographer of the Year, le prix Travel Photography of the Year et le prix Nature's Best Windland Smith Rice International.

Daisy Gilardini is a conservation photographer who specializes in the Polar Regions, with a particular emphasis on Antarctic wildlife and North American bears. She fell in love with Antarctica during her first trip there in 1997. She has since devoted most of her time to photographing the polar regions. In 23 years of polar exploration, she has joined more than 90 expeditions to Antarctica and the Arctic. She is a member of the International League of Conservation Photographers (iLCP) and the SeaLegacy Collective, a fellow of the New York based Explorers Club, and a member of the Royal Canadian Geographical Society. Her work has been recognized by some of the world's most prestigious photography awards, including BBC Wildlife Photographer of the Year, Travel Photography of the Year and the Nature's Best Windland Smith Rice International Awards.

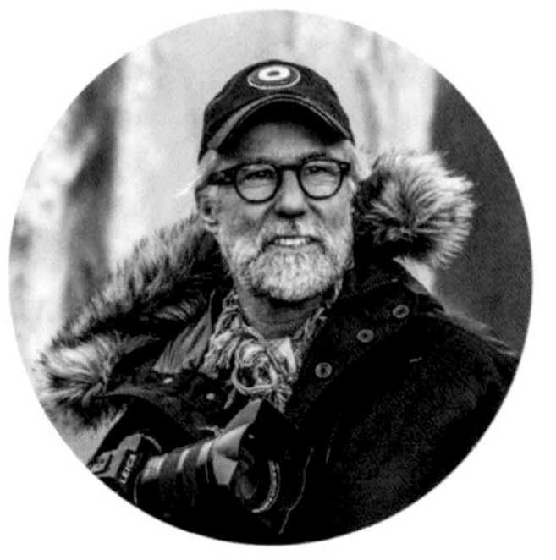

Ragnar Axelsson
Islande – *Island*

Depuis plus de quarante ans, Ragnar Axelsson, alias Rax, photographie les peuples, les animaux et les paysages des régions les plus reculées de l'Arctique, notamment l'Islande, la Sibérie et le Groenland. Dans ses images en noir et blanc, il capture l'expérience élémentaire et humaine de la nature à la lisière du monde vivable, rendant visibles les relations extraordinaires entre les peuples de l'Arctique et leur environnement extrême – relations qui sont aujourd'hui bouleversées de manière profonde et complexe par des changements climatiques sans précédent. Ses photographies ont été publiées dans *LIFE, Newsweek, Stern, GEO, National Geographic, Time* et *Polka*, et ont fait l'objet de nombreuses expositions. Il a remporté de nombreux prix, tels que, le Icelandic Photojournalist Awards, le Leica Oskar Barnack Award (mention honorable) ou encore le Grand Prix, Photo de Mer, Vannes. Ragnar travaille actuellement sur un projet de trois ans visant à documenter la vie des peuples des huit pays de l'Arctique.

For over 40 years, Ragnar Axelsson, A.K.A. Rax, has been photographing the people, animals, and landscape of the most remote regions of the Arctic, including Iceland, Siberia, and Greenland. In stark black-and-white images, he captures the elemental, human experience of nature at the edge of the liveable world, making visible the extraordinary relationships between the people of the Arctic and their extreme environment – relationships now being altered in profound and complex ways by the unprecedented changes in climate. His photographs have been featured in LIFE, Newsweek, Stern, GEO, National Geographic, Time, and Polka, and have been exhibited widely. He won numerous awards, such as Icelandic Photojournalist Awards, The Leica Oskar Barnack Award (Honorable Mention) or The Grand Prize, Photo de Mer, Vannes. Ragnar is currently working on a three-year project documenting people's lives in all 8 countries of the Arctic.

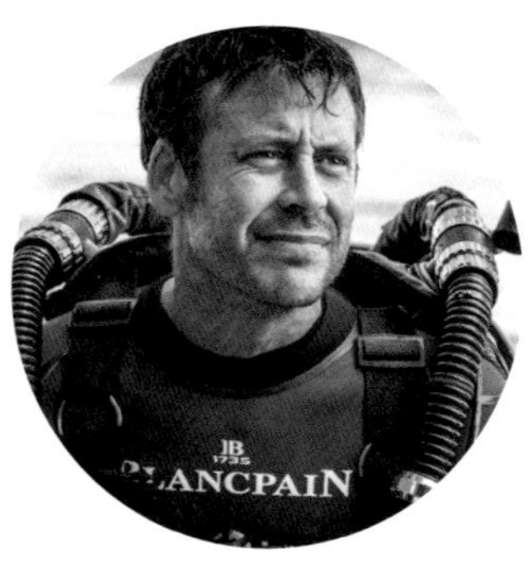

Laurent Ballesta
France – *France*

Laurent Ballesta est un photographe Français originaire de Montpellier. Il est l'auteur de treize livres de photographie dédiés à la vie sauvage sous-marine. Co-créateur de la société Andromède Océanologie en 2000, il a dirigé plusieurs expéditions de grande ampleur durant les dix dernières années. Ses Expéditions Gombessa reposent sur trois valeurs emblématiques : un mystère scientifique, un défi de plongée et la promesse d'images inédites. Des premières photographies du coelacanthe prises par un plongeur à 120 mètres de fond, jusqu'aux chasse des sept-cents requins de Fakarava la nuit, en passant par les plongées les plus longues et les plus profondes d'Antarctique, Laurent illustre le monde sous-marin avec un regard naturaliste et artistique. Durant l'été 2019, il a réalisé une première mondiale : pendant vingt-huit jours, Laurent et trois autres plongeurs ont vécu dans un caisson pressurisé de 5 mètres carrés et ont plongé quotidiennement dans la zone mésophotique, entre 60 et 140 mètres de profondeur, sans limite de temps, entre Marseille et Monaco. En 2021, il a obtenu le grand titre de photographe animalier de l'année.

Laurent Ballesta is a French photographer from Montpellier. He is the author of 13 photography books dedicated to underwater wildlife. Co-founder of Andromède Oceanology since 2000, he has been leading major expeditions for the past 10 years. His Gombessa Expeditions gather 3 emblematic values: a scientific mystery; a diving challenge; and the promise of unique world first images. From the first pictures of the coelacanth taken by a diver at 120 metres deep, to the hunts of the 700 sharks of Fakarava at night, and the deepest and longest dive in Antarctica, Laurent illustrates the underwater world with a naturalist and artistic point of view. In the summer 2019 he did a world first : for 28 days Laurent and 3 other divers lived in a 5 square metres pressurized chamber and dove daily in the mesophotic zone, between 60 and 140 metres deep with no limit of time between Marseille and Monaco. There, they were able to illustrate targeted ecosystems and put together unique scientific protocols. In 2021, he was awarded the grand title of Wildlife Photographer of the Year.

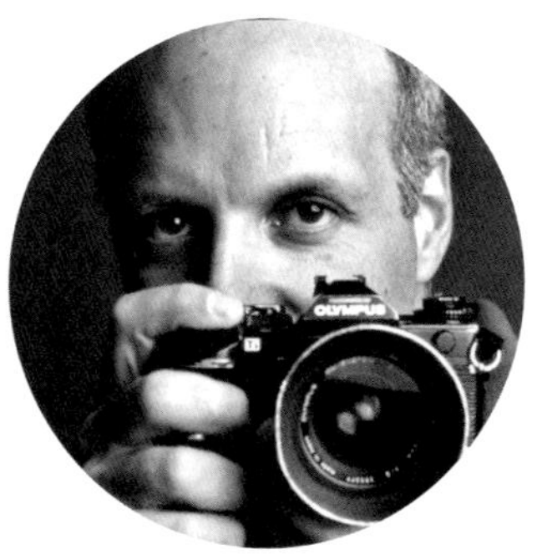

Nick Danziger
Royaume-Uni – *United Kingdom*

Nick Danziger est l'un des photojournalistes les plus célèbres au monde. Il a consacré une grande partie de sa vie à illustrer les questions sociales et politiques caractéristiques de notre époque dans des livres à succès, des photographies et des documentaires primés. Il a reçu de nombreuses récompenses pour son travail exceptionnel, dont un titre de membre honoraire de la Royal Photographic Society et le Ness Award de la Royal Geographical Society, en reconnaissance de son travail de sensibilisation du public aux questions sociales, politiques et environnementales contemporaines par le biais de films documentaires et de photographies. Il a également remporté le premier prix du World Press Photo dans la catégorie des portraits individuels. Ses photographies ont été publiées dans le monde entier et font partie de plusieurs collections de musées.

Nick Danziger is one of the world's most renowned photojournalists. Much of his life has been dedicated to documenting the social and political issues that define our times in best-selling books, and in award-winning documentaries and photography. He has won numerous awards for his outstanding work, amongst them is an Honorary Fellowship awarded by the Royal Photographic Society, and the Royal Geographical Society's Ness Award in recognition of raising public understanding of contemporary social, political and environmental issues through documentary films and photography. He has also won the World Press Photo first prize in the single portrait category. His photographs have been published internationally and are part of several museum collections.

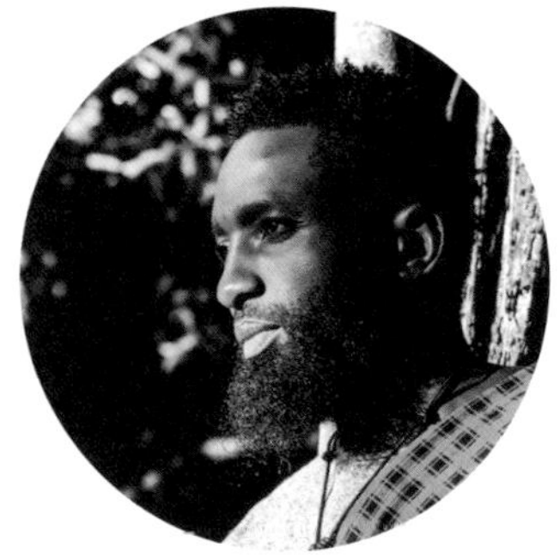

Fredrick Dharshie Wissah
Kenya – *Kenya*

Frederick Dharshie Wissah est un photojournaliste environnemental et humanitaire primé, basé à Nairobi, au Kenya. Il se spécialise dans les reportages sur l'environnement qui décrivent l'insécurité alimentaire et hydrique et l'autonomisation des femmes, en particulier en Afrique. Surnommé Dharshie, il comprend les luttes que ses sujets vivent, de première main, et s'efforce de se concentrer à la fois sur les problèmes et leurs solutions. En 2019, sa passion et son amour pour la nature lui ont valu d'être nommé photographe environnemental de l'année par le Chartered Institute of Water and Environmental Management (CIWEM). Les résultats ont été annoncés lors du sommet des Nations unies sur le climat à New York, et ce fut un moment décisif dans sa carrière. Depuis, Dharshie a fait l'objet d'articles dans *Forbes*, le *Guardian*, le *Sun*, *National Geographic-NatGeo* ainsi que dans le *New York Times*, et a été photographe résident de l'OpenEye Gallery Liverpool en 2021. Il est par ailleurs investi dans son projet à but non lucratif, l'initiative « Souls of Charity », qui vise à aider les communautés kenyanes vulnérables par le biais du bénévolat.

Fredrick Dharshie Wissah is an award-winning environmental and humanitarian photojournalist, based in Nairobi, Kenya. He specializes in environmental stories that depict food and water insecurity and women's empowerment, with a focus on Africa. Dharshie, as he is called, understands the struggles that his subjects experience, first-hand, and strives to focus both on problems and their solutions. In 2019 his passion and love for nature earned him the Chartered Institute of Water and Environmental Management (CIWEM) Environmental Photographer of the Year. The results were announced at the UN Climate Summit in New York, and it was a defining point in his career. Since then, Dharshie has been featured in Forbes, the Guardian, the Sun, National Geographic-NatGeo as well as The New York Times and was a resident photographer for OpenEye Gallery Liverpool in 2021. He is also involved in his Not for Profit, the "Souls of Charity Initiative" which aims to give back to vulnerable Kenyan communities through volunteerism.

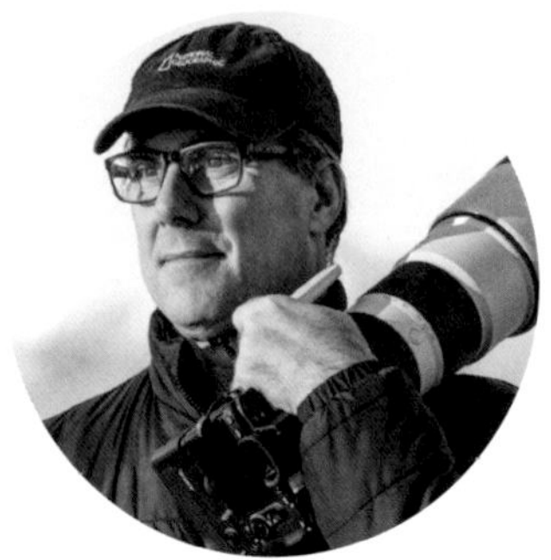

Sergio Pitamitz
France et Italie – *France and Italy*

Le photographe Sergio Pitamitz, photographe primé de la vie sauvage et de la conservation, possède la double nationalité française et italienne. Il est photographe contractuel de *National Geographic* pour National Geographic Expeditions et NG Image Collection. En mission, il a voyagé dans plus de cent pays sur les sept continents. Il collabore au *National Geographic Magazine Italy* et ses images et récits sont parus dans de nombreuses autres publications, notamment *BBC Wildlife, Terre Sauvage, Paris Match*, le *New York Times*, le *Figaro Magazine* et les magazines, livres et sites web de *National Geographic*. Ses images ont été récompensées dans des concours internationaux de photographie tels que Nature's Best, National Wildlife et Audubon. Il a remporté le prix « Best of Photojournalism 2016 – Environmental Category » de la National Press Photography Association. Il est ambassadeur de la marque Swarovski Optik Outdoor.

Award winning wildlife and conservation photographer Sergio Pitamitz has French and Italian dual citizenship. He is a National Geographic contract photographer for National Geographic Expeditions and NG Image Collection. On assignment he has travelled to more than 100 countries on all seven continents. He is a contributor to National Geographic Magazine Italy and his images and stories have appeared in numerous other publications including BBC Wildlife, Terre Sauvage, Paris Match, The New York Times, Figaro Magazine and National Geographic's magazines, books and websites. His images have been awarded in international photo contests such as Nature's Best, National Wildlife and Audubon. He won the National Press Photography Association (NPPA) "Best of Photojournalism 2016 – Environmental Category" award. He is a Swarovski Optik Outdoor brand ambassador.

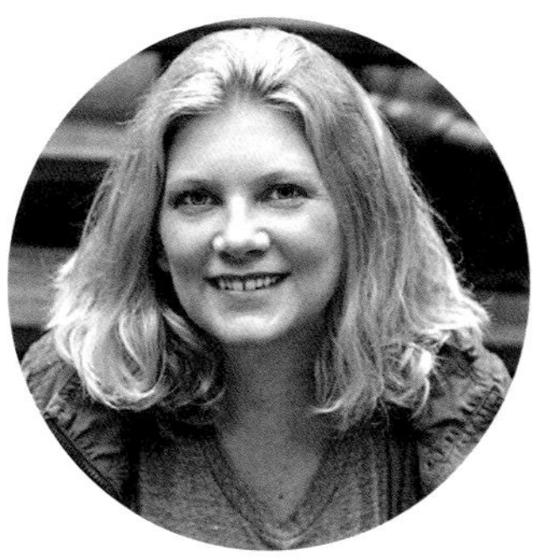

Kathleen Ricker
États-Unis – *United States*

Depuis son plus jeune âge, Kathleen Ricker a toujours su qu'elle voulait passer sa vie entourée d'animaux sauvages. En 2013, Kathleen a commencé ses expéditions autour du monde pour observer et photographier la vie sauvage dans son habitat naturel : les ours polaires dans l'Arctique canadien, les orangs-outans dans la jungle de Bornéo, les pingouins en Géorgie du Sud, une plongée avec des orques en Norvège ou encore un trekking avec des gorilles en Ouganda. Lors de son premier voyage au parc national de Bwindi, Kathleen est tombée amoureuse des gorilles de montagne et a depuis participé à quatorze treks en leur compagnie. À travers ses photographies, elle montre à quel point les interactions entre animaux sauvages sont proches des interactions humaines. C'est en capturant ces émotions qu'elle raconte ses histoires. Kathleen a également photographié des mariages et des voyages de noces dans le monde entier, notamment en Antarctique et lors d'un safari au Kenya. En 2021, elle a remporté le titre de « Photographe Environnementale de l'année » de la Fondation Prince Albert II de Monaco.

From a young age, Kathleen Ricker always knew she wanted to spend her life surrounded by wildlife. In 2013, Kathleen began her expeditions around the world to observe and photograph wildlife in its natural habitat: polar bears in the Canadian Arctic, orangutans in the jungles of Borneo, penguins in South Georgia, a dive with orcas in Norway or a trek with gorillas in Uganda. On her first trip to Bwindi National Park, Kathleen fell in love with the mountain gorillas and has since participated in 14 treks with them. Through her photographs, she shows how close the interactions between wild animals are to human interactions. It is by capturing these emotions that she tells her stories. Kathleen has also photographed weddings and honeymoons around the world, including Antarctica and a safari in Kenya. In 2021, she won the "Environmental Photography Award" of the Prince Albert II of Monaco Foundation.

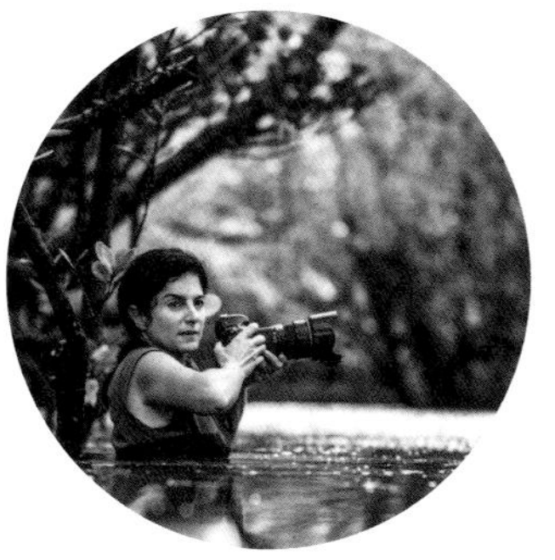

Ami Vitale
États-Unis – *United States*

Ami Vitale a voyagé dans plus de cent pays, témoignant non seulement de la violence et des conflits, mais aussi de la beauté surréaliste et du pouvoir immuable de l'esprit humain. Elle a capturé des histoires fascinantes sur la vie sauvage, comme le retour à l'état sauvage d'espèces menacées nées en captivité, tels que les pandas géants, et les efforts déployés pour sauver de l'extinction les derniers rhinocéros blancs du Nord. Elle a obtenu des récompenses prestigieuses, dont six prix du World Press Photo, le prix de la photographe internationale de l'année et le Daniel Pearl Award for Outstanding Reporting. Elle a également été nommée photographe de magazine de l'année par la National Press Photographers Association. Directrice exécutive de Vital Impacts, elle est aussi membre fondatrice de Ripple Effect Images, qui documente les défis auxquels sont confrontées les femmes et les filles dans les pays en développement. Basée dans le Montana, Ami est une photographe contractuelle du magazine *National Geographic* (dont elle préside le conseil consultatif des photographes) et donne fréquemment dans le monde entier des conférences et des ateliers passionnants.

Ami Vitale has travelled to more than 100 countries, bearing witness not only to violence and conflict, but also to surreal beauty and to the enduring power of the human spirit. She has turned her lens to compelling wildlife stories, such as returning critically endangered captive-born species, like the giant pandas, back to the wild, and efforts to save the last living northern white rhinos from extinction. She has garnered prestigious awards including 6 prizes from World Press Photo, the International Photographer of the Year prize, and the Daniel Pearl Award for Outstanding Reporting. She has also been named Magazine Photographer of the Year by the National Press Photographers Association. Executive Director of Vital Impacts, she is also a founding member of Ripple Effect Images, who document challenges facing women and girls in developing countries. Based in Montana, Ami is a contract photographer with National Geographic Magazine (and is also chair of its Photographers Advisory Board), and frequently gives inspiring talks and workshops throughout the world.

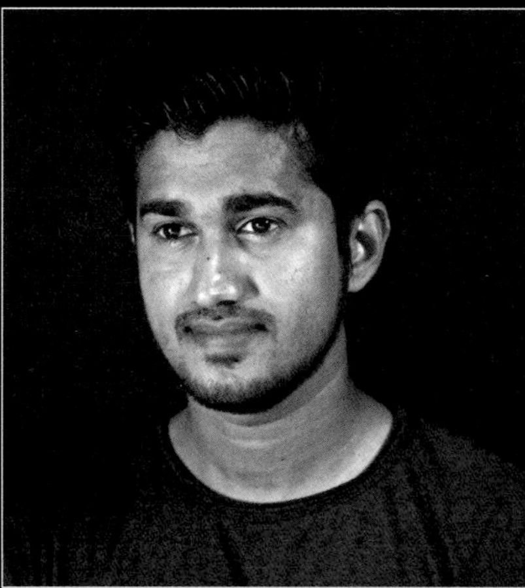

Easa Lebbe Muhammed Jamsith est né et a grandi dans un village reculé du Sri Lanka, où la nature joue un rôle central. Il étudie la photographie à partir de 2019 au Club Photo Ceylonica à Akkaraipattu. S'il se concentre initialement sur les photographies de paysages, sa rencontre avec un photographe-reporter spécialiste des questions environnementales a fait naître en lui l'envie de documenter en priorité ces aspects afin de sensibiliser le public. Il commence à connaître de nombreux succès dans le domaine de la photographie, dans son pays et à l'étranger.

Easa Lebbe Muhammed Jamsith was born and raised in a remote village in Sri Lanka, where nature plays a central role. He has been studying photography since 2019 at Club Photo Ceylonica in Akkaraipattu. While he initially focused on landscape photography, his encounter with a photographer-reporter specialised in environmental issues made him want to document these aspects as a priority in order to raise public awareness. He began to have many successes in the field of photography, both at home and abroad.

PHOTOGRAPHE ENVIRONNEMENTAL 2022

ENVIRONMENTAL PHOTOGRAPHER 2022

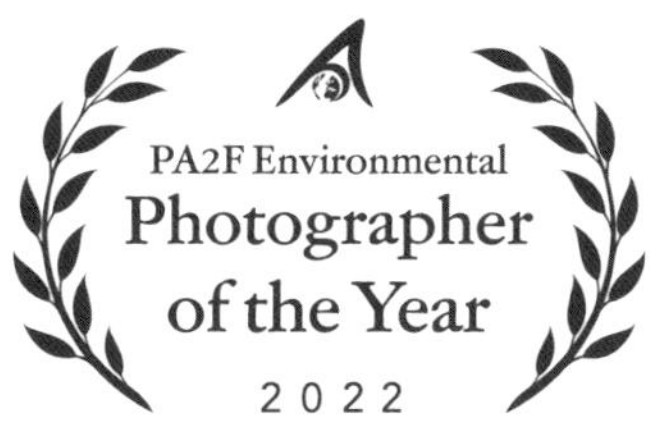

Easa Lebbe Muhammed Jamsith

Tears, 2022
Sri Lanka – Sri Lanka

66 Au matin du 5 janvier 2022, j'ai appris qu'un éléphant était sur le point de mourir dans la décharge d'Oluvil. À mon arrivée, l'animal recroquevillé souffrait au point de ne plus pouvoir se lever. En examinant l'éléphant, le vétérinaire a constaté qu'il souffrait d'un blocage de l'œsophage dû à l'ingestion de déchets en polyéthylène, ce qui est malheureusement courant pour les animaux vivant dans des conditions extrêmes : le ventre vide, ils sont attirés par les odeurs de nourriture des décharges mais avalent ensuite indifféremment emballages alimentaires et autres déchets plastiques. Leur ingestion entraîne de graves problèmes de santé et souvent une mort très douloureuse. Trois jours plus tard, au moment de soumettre cette photographie au concours, l'éléphant était décédé, malgré les soins médicaux apportés, portant à sept le nombre d'éléphants morts dans cette même décharge à cause de l'ingestion de produits toxiques.

66 *On the morning of January 5, 2022, I learned that an elephant was about to die in the dump of Oluvil. When I arrived, the animal was curled up and in so much pain that it could not stand up. On examining the elephant, the vet found that it had a blocked esophagus due to the ingestion of polythene waste, which is unfortunately common for animals living in extreme conditions: on an empty stomach, they are attracted by the smell of food from the dumps but then swallow food packaging and other plastic waste indiscriminately. Their ingestion leads to serious health problems and often a very painful death. Three days later, by the time this photograph was submitted to the competition, the elephant had died, despite medical attention, bringing to seven the number of elephants that have died in this same dump due to toxic ingestion.*

CATÉGORIE HUMANITÉ VERSUS NATURE / CATEGORY HUMANITY VERSUS NATURE

18-135 mm f/3.5-5.6 Lens - 1/200 sec at f/8 ISO 100

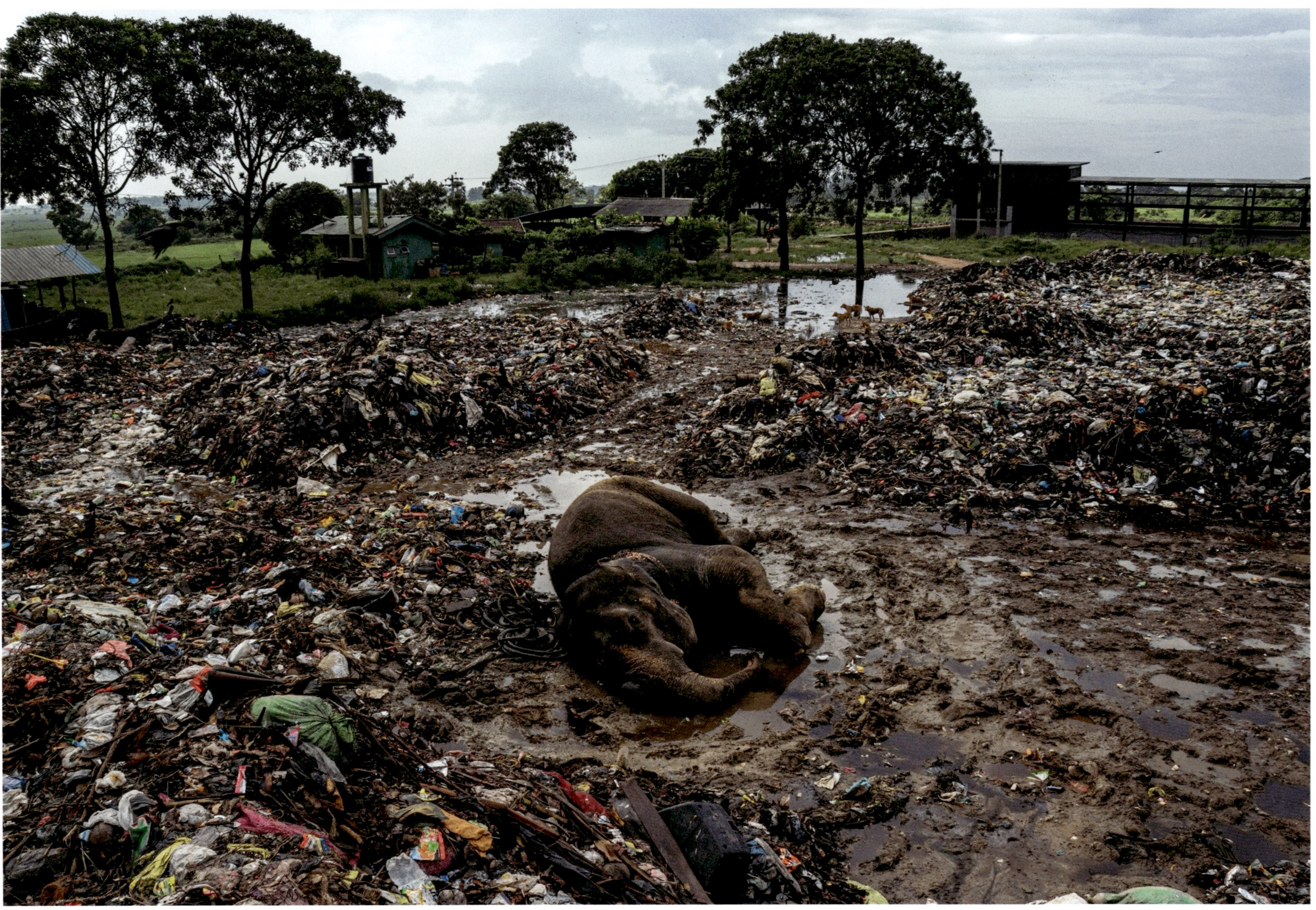

HUMANITÉ VERSUS NATURE

HUMANITY VERSUS NATURE

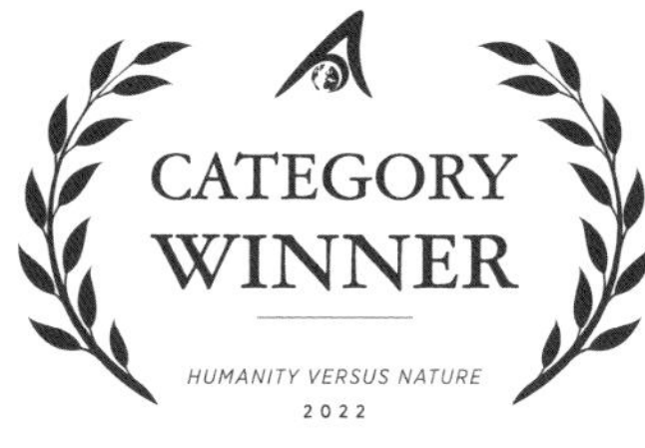

Tran Van Hong
Disaster, 2021
Viêt Nam – Vietnam

66 Cette photo a été prise dans une décharge où (sur)vivent quelques familles grâce au ramassage des ordures. Au moment de la prise de vue, un incendie s'était déclenché dans la forêt avoisinante, menaçant de se propager rapidement à travers les étendues de détritus. Cette scène de catastrophe dénonce la destruction de notre environnement par l'homme (déforestation, accumulation des déchets) et ses effets désastreux pour les vies humaines.

66 *This photo was taken in a garbage dump where a few families are living (surviving) thanks to the collection of rubbish. At the time the picture was taken, a fire had broken out in the nearby forest, threatening to spread rapidly through the rubbish. This scene of catastrophe denounces the destruction of our environment by man (deforestation, accumulation of waste) and its disastrous effects on human lives.*

24-120 mm f/4 Lens - 1/125 sec at f/11 ISO 125

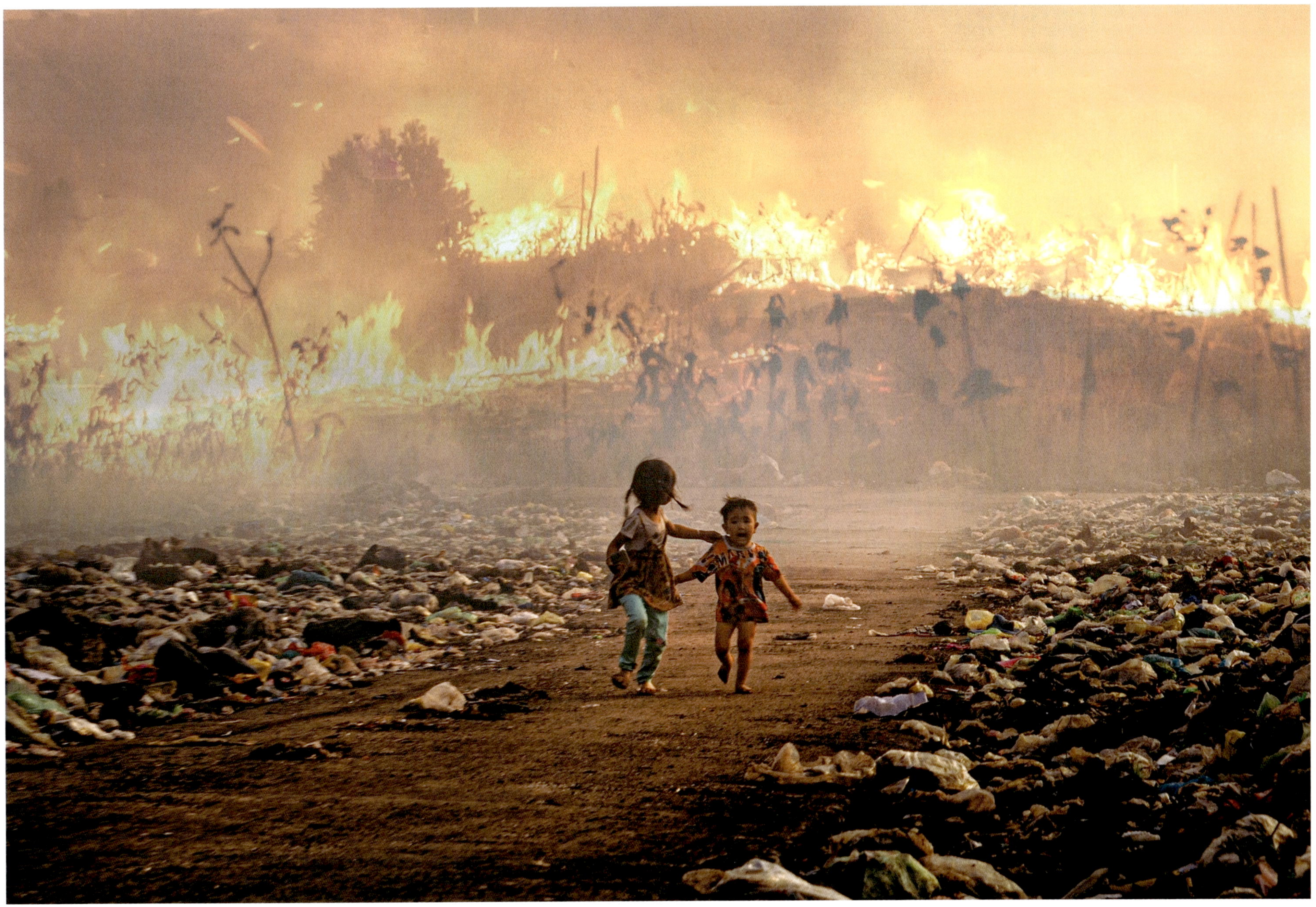

Majid Hojati
Drought, 2021
Iran – Iran

66 Dans le désert aride de la province de Tchaharmahal-et-Bakhtiari se trouve un panneau représentant une nature luxuriante, telle qu'il en existait là par le passé, sur lequel on peut lire : « Je dois me rappeler de ne rien faire qui soit contraire à la loi de la Terre. » Le Fonds mondial pour la nature (WWF) a indiqué dans son Rapport Planète vivante 2020 que 60 % des espèces sauvages avaient disparu depuis 1970 en raison de l'exploitation des ressources naturelles par l'homme. À mon sens, nous avons infligé à la planète de trop nombreuses destructions au nom du progrès technologique. Partout où l'on trouve de l'eau et de l'oxygène, on trouvera des traces d'êtres humains mettant en danger l'environnement pour leurs intérêts propres, sans aucune vision d'avenir.

66 *In the arid desert of Chaharmahal and Bakhtiari province, a sign depicting lush nature as it once existed there reads: "I must remember not to do anything against the law of the Earth". The World Wide Fund for Nature (WWF) stated in its 2020 Living Planet Report that 60% of wildlife species have become extinct since 1970 due to the rapid use of natural resources by humans. In my opinion, we have inflicted too much destruction on the planet in the name of technological progress. Wherever you find water and oxygen, you will find traces of human beings endangering the environment for their own interests, without any prospects for the future.*

24-70 mm f/4 Lens - 1/320 sec at f/10 ISO 100

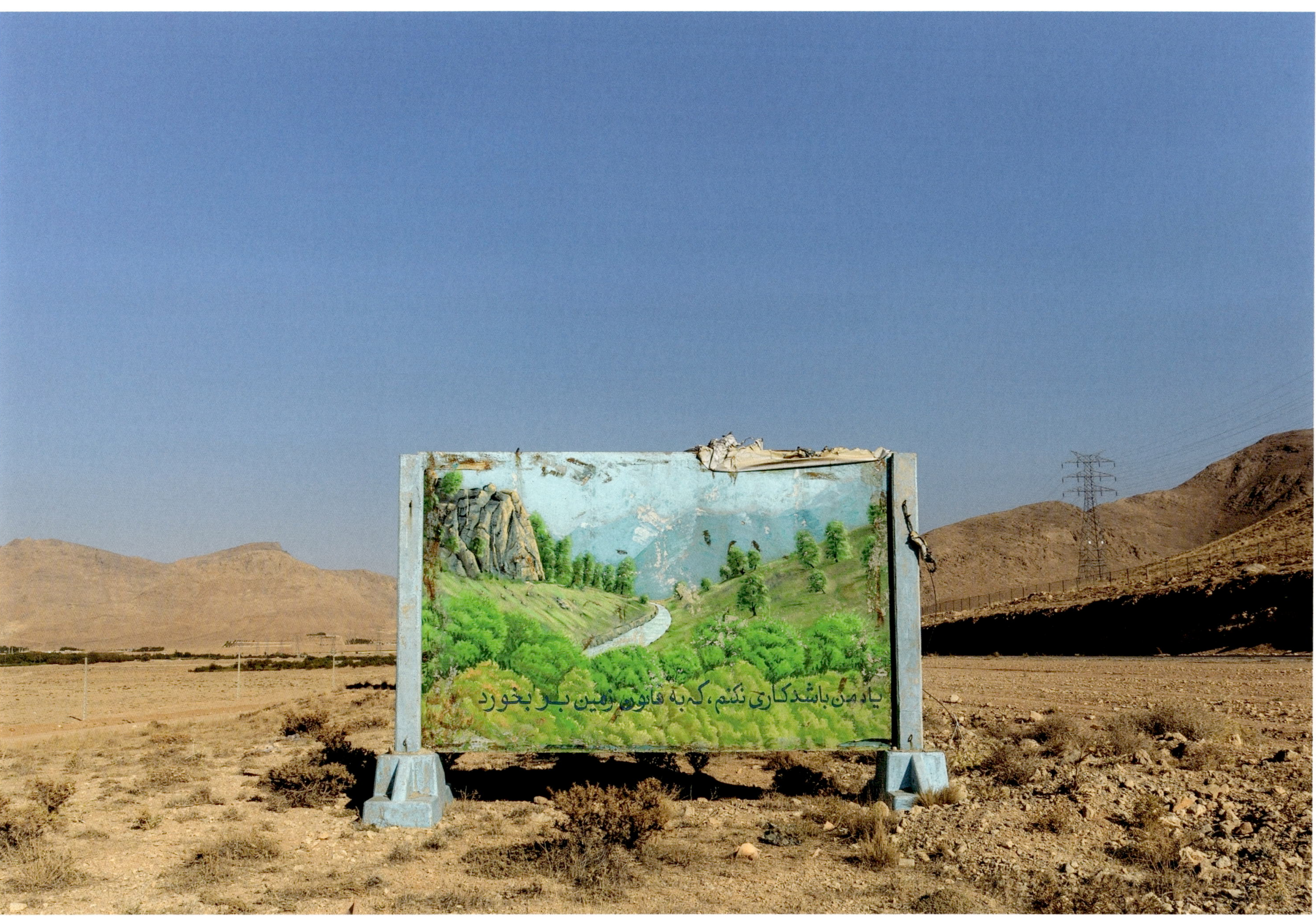

یاد من باشد کاری نکنم ، که به قانون زمین بر بخورد

Laszlo Maraczi
Escape, 2017
Île de Cebu, Philippines – Cebu Island, Philippines

66 Dans cet endroit, les pêcheurs locaux ont appris que nourrir et protéger les requins-baleines leur permettait de faire mieux vivre la population locale que de les tuer. La ville d'Oslob attire de nombreux touristes chaque année pour rencontrer « le plus gros poisson de la planète », offrant ainsi un exemple de cohabitation positif. Le titre de cette photographie, *Escape*, peut être interprété de plusieurs façons : la fuite face aux trop nombreux plongeurs qui tentent d'approcher ou l'issue victorieuse face à une mort qui aurait été, dans un autre temps, certaine. J'ai choisi de photographier la scène par en-dessous avec un objectif fisheye pour proposer un point de vue inattendu et créer un rendu esthétique grâce au halo noir qui entoure les sujets.

66 *Here, local fishermen have been taught successfully that feeding and keeping whale sharks alive is a better way to support the local population than killing them. Oslob attracts many tourists each year to meet "the biggest fish on the planet", providing an example of positive cohabitation. The title of this photograph,* Escape, *can be interpreted in several ways: the escape from the too many divers who try to approach or the victorious outcome in the face of a death that would, in another time, have been certain. I chose to photograph the scene from below with a fisheye lens to offer an unexpected point of view and create an aesthetic effect thanks to the black halo surrounding the subjects.*

10-17 mm f/3.5-4.5 Lens - 1/125 sec at f/18 ISO 200

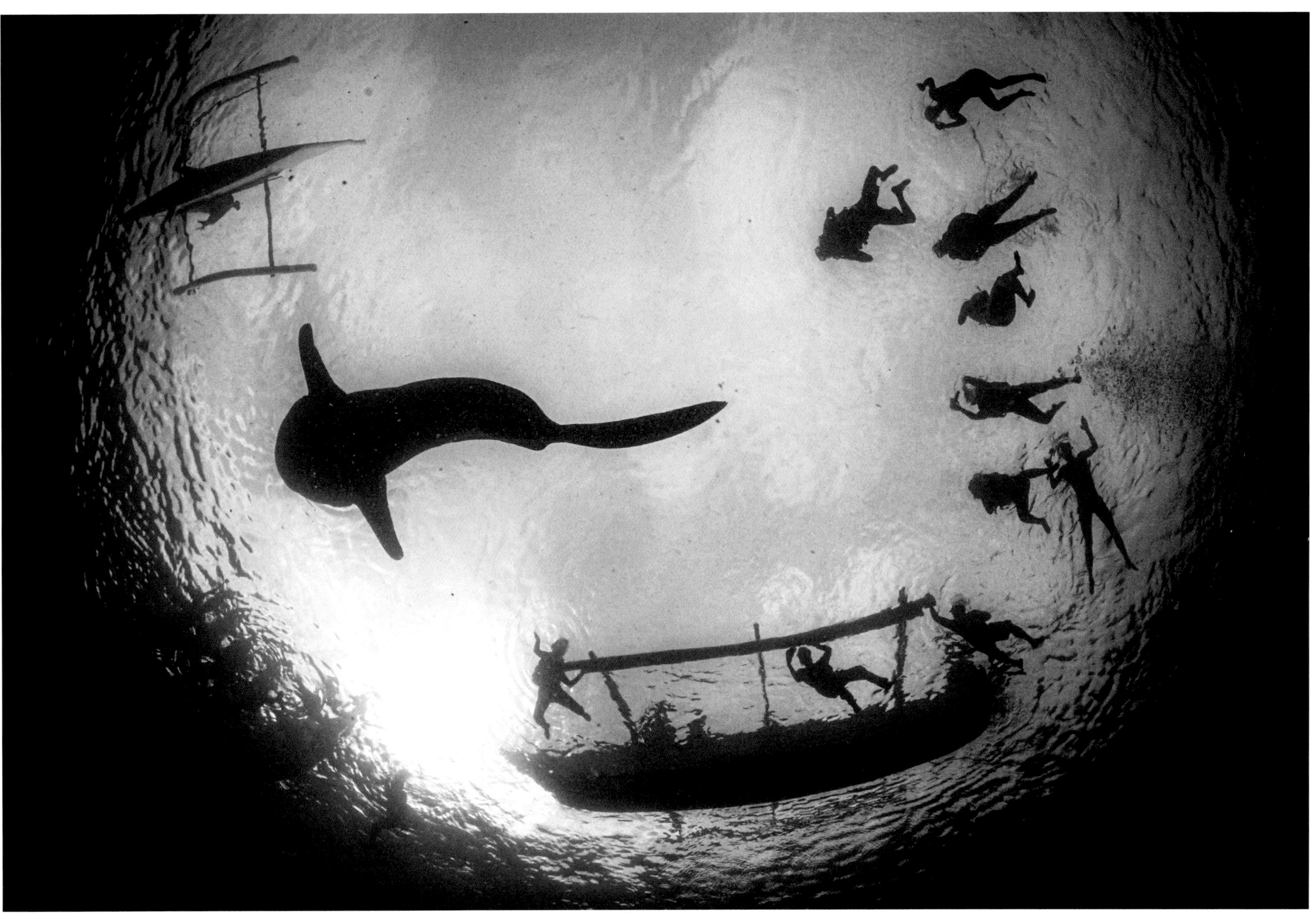

Roberto Bueno Hernandez
Life is a Narrow Strip, 2019
Andalousie, Espagne – Andalucía, Spain

❝ Cette photographie, réalisée grâce à un drone, montre une étroite bande de route séparant deux espaces en contradiction : d'un côté des eaux vertes et fraîches, où poussent les arbres et où la vie prospère et, de l'autre, des eaux ocres et toxiques issues du réservoir d'une mine voisine, où il n'y a plus ni arbres, ni vie.

❝ *This photograph, taken with a drone, shows a narrow strip of road separating two contradictory spaces: on one side, fresh green water, where trees grow and life flourishes and, on the other, ochre and toxic water from the reservoir of a nearby mine, where there are no trees or life.*

---

28 mm f/2.8 Lens - 1/100 sec at f/7.1 ISO 200

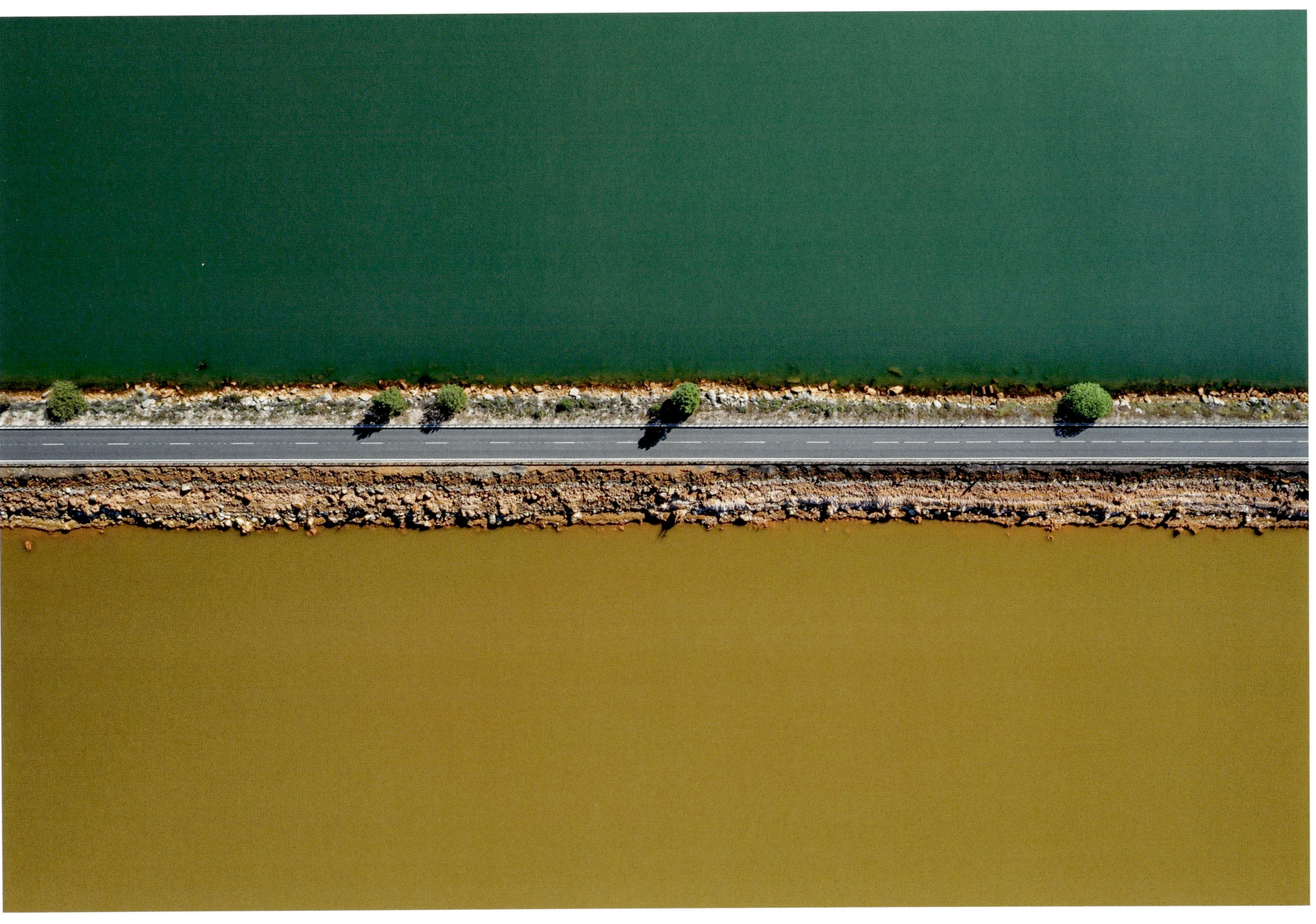

Biplab Hazra
Hell is Here, 2012
Bengale-Occidental, Inde – West Bengal, India

❝ Les grands animaux sauvages, tels que les éléphants, pénètrent souvent dans les zones habitées lorsqu'ils ne trouvent pas suffisamment de nourriture dans la jungle. L'éléphant est un animal que j'aime beaucoup photographier. Quand je me suis rendu dans ce village du district de Bankura, les hommes étaient en train de chasser les éléphants en leur lançant des boules de feu, manquant de peu de brûler l'éléphanteau. En assistant à cette scène cruelle, j'ai souhaité partager mon émotion et témoigner du conflit qui existe encore, à de nombreux endroits et en de nombreuses circonstances, entre les humains et la nature.

❝ *Large wild animals, such as elephants, often enter populated areas when they cannot find enough food in the jungle. The elephant is an animal that I really enjoy photographing. When I visited this village in Bankura district, the men were hunting elephants by throwing fireballs at them, narrowly missing burning the baby elephant. Witnessing this cruel scene, I wanted to share my emotion and bear witness to the conflict that still exists, in many places and circumstances, between humans and nature.*

18-55 mm f/3.5-5.6 Lens - 1/1000 sec at f/4.5 ISO 640

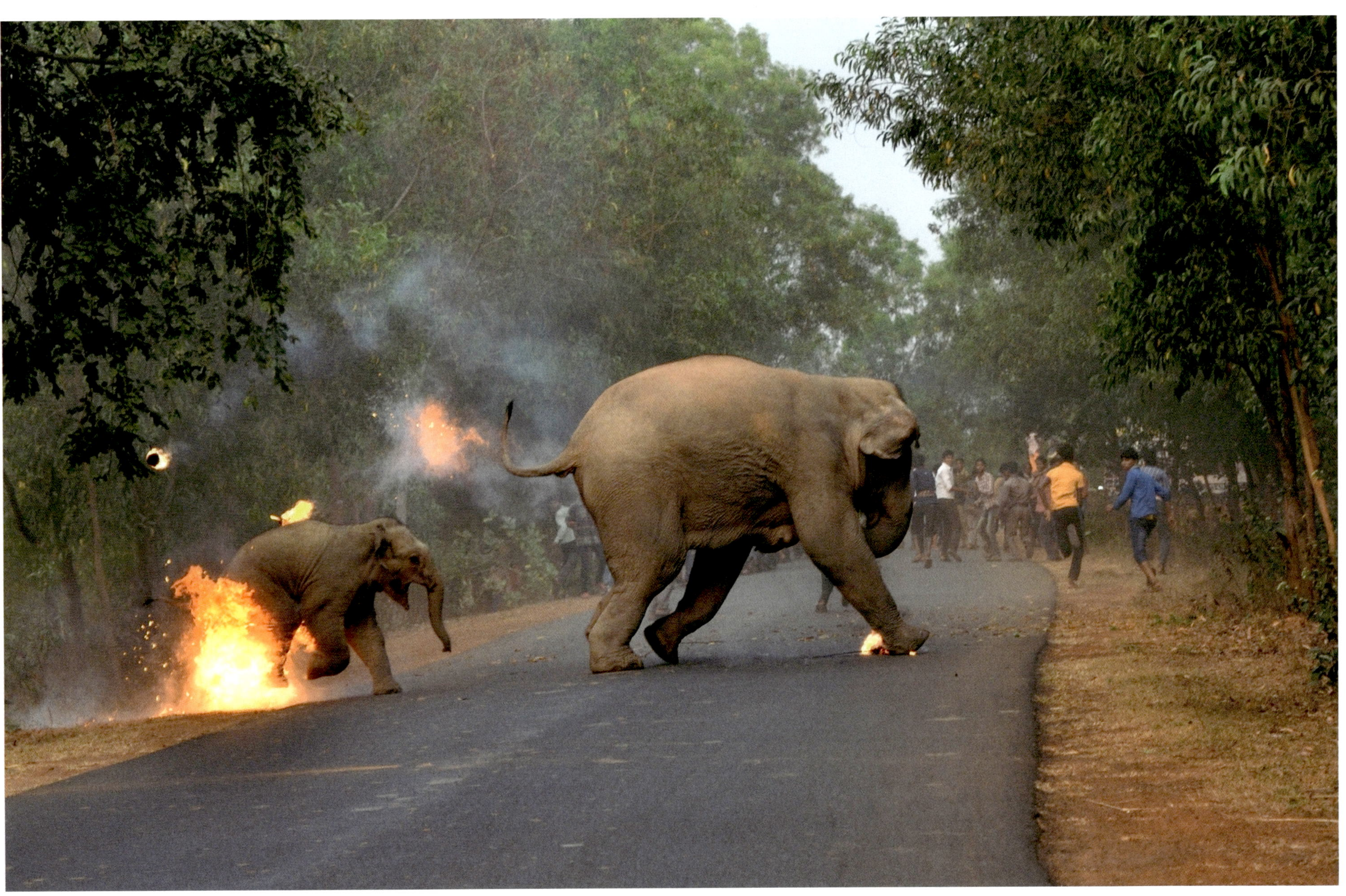

Sultan Ahmed Niloy
Two Hearts, One Love, 2020
Bangladesh – Bangladesh

66 Cette photo a été prise à Munshiganj, au Bangladesh, où les inondations se sont intensifiées ces dernières années. Lorsque les courants du fleuve Padma sont trop violents, les habitants doivent faire face à de dangereuses situations. J'ai vu, par exemple, ce grand-père mettre en sécurité ses petits-enfants, avant de les accompagner vers l'abri anticyclonique le plus proche. La fillette a également perdu un oncle à cause d'une morsure de serpent, le reptile étant venu se réfugier dans la maison à cause de l'inondation, comme cela se produit très souvent.

66 *This photo was taken in Munshiganj, Bangladesh, where flooding has intensified in recent years. When the currents of the Padma River are too strong, people face dangerous situations. I saw, for example, this grandfather bringing his grandchildren to safety before accompanying them to the nearest cyclone shelter. The girl also lost an uncle to a snake bite, as the reptile had come to the house because of the flood, as it happens very often.*

15-30 mm f/2.8 Lens - 1/250 sec at f/10 ISO 125

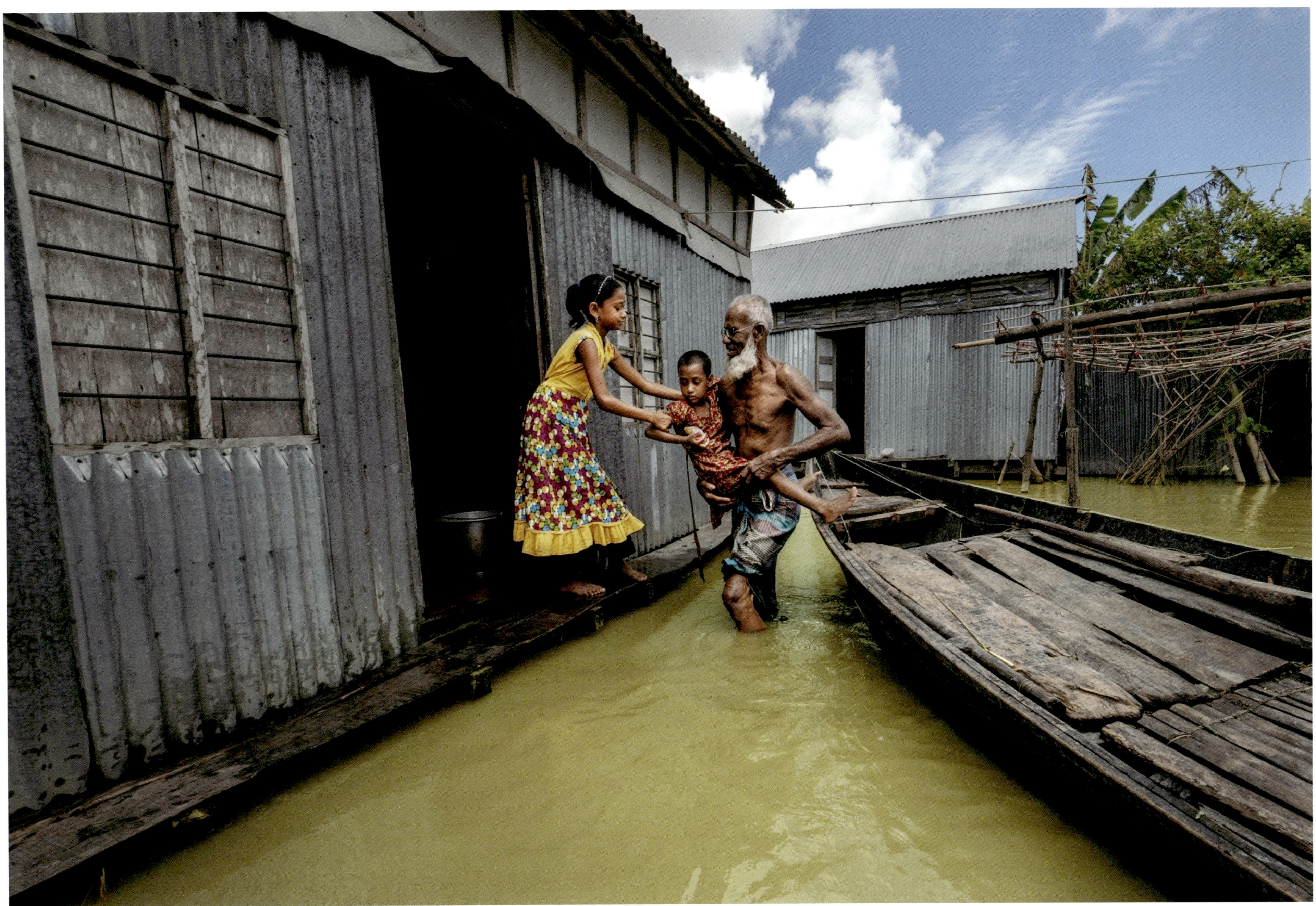

VERS UN AVENIR DURABLE

TOWARDS A SUSTAINABLE FUTURE

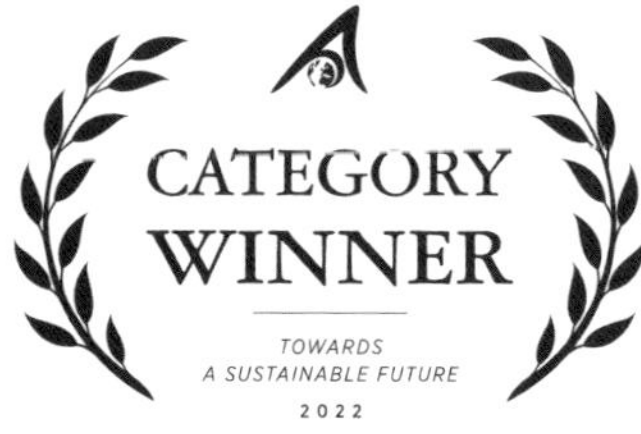

Simone Tramonte
Net Zero Transition (II), 2021
Italie – Italy

❝ Avec une superficie de 31 hectares et des équipements de pointe, H2orto Ostellato, en Italie, constitue la plus grande serre hydroponique du sud de l'Europe. La récolte y est garantie tout au long de l'année, même en hiver, grâce à ses 220 kilomètres de lampes LED à faible consommation. L'exploitation de la serre repose sur les principes de l'économie circulaire : à la fin de leur cycle de vie, les plantes deviennent le combustible de l'usine de biogaz qui alimente la serre. Les tomates sont cultivées dans un environnement contrôlé, à l'abri des polluants extérieurs, et il n'est donc pas nécessaire d'y utiliser herbicides et glyphosates. Grâce à la culture hydroponique, l'utilisation de la terre est réduite à seulement un dixième de celle de l'agriculture traditionnelle et l'utilisation de l'eau est réduite de 70 %.

❝ *With a surface area of 31 hectares, and state-of-the-art equipment, H2orto Ostellato in Italy is the largest hydroponic greenhouse in southern Europe. The harvest is guaranteed all year round, even in winter, thanks to 220 kilometres of low-energy LED lamps. The greenhouse operations are based on the principles of circular economy. At the end of the life cycle, plants become the fuel for the biogas plant that powers the greenhouse. Tomatoes are grown in a controlled environment, safeguarded from external pollutants, therefore there is no need for herbicides and glyphosates. Thanks to hydroponic growing, land usage is reduced to only one-tenth of traditional farming and water usage is reduced by 70%.*

24-70 mm f/2.8 Lens - 1/160 sec at f/6.3 ISO 200

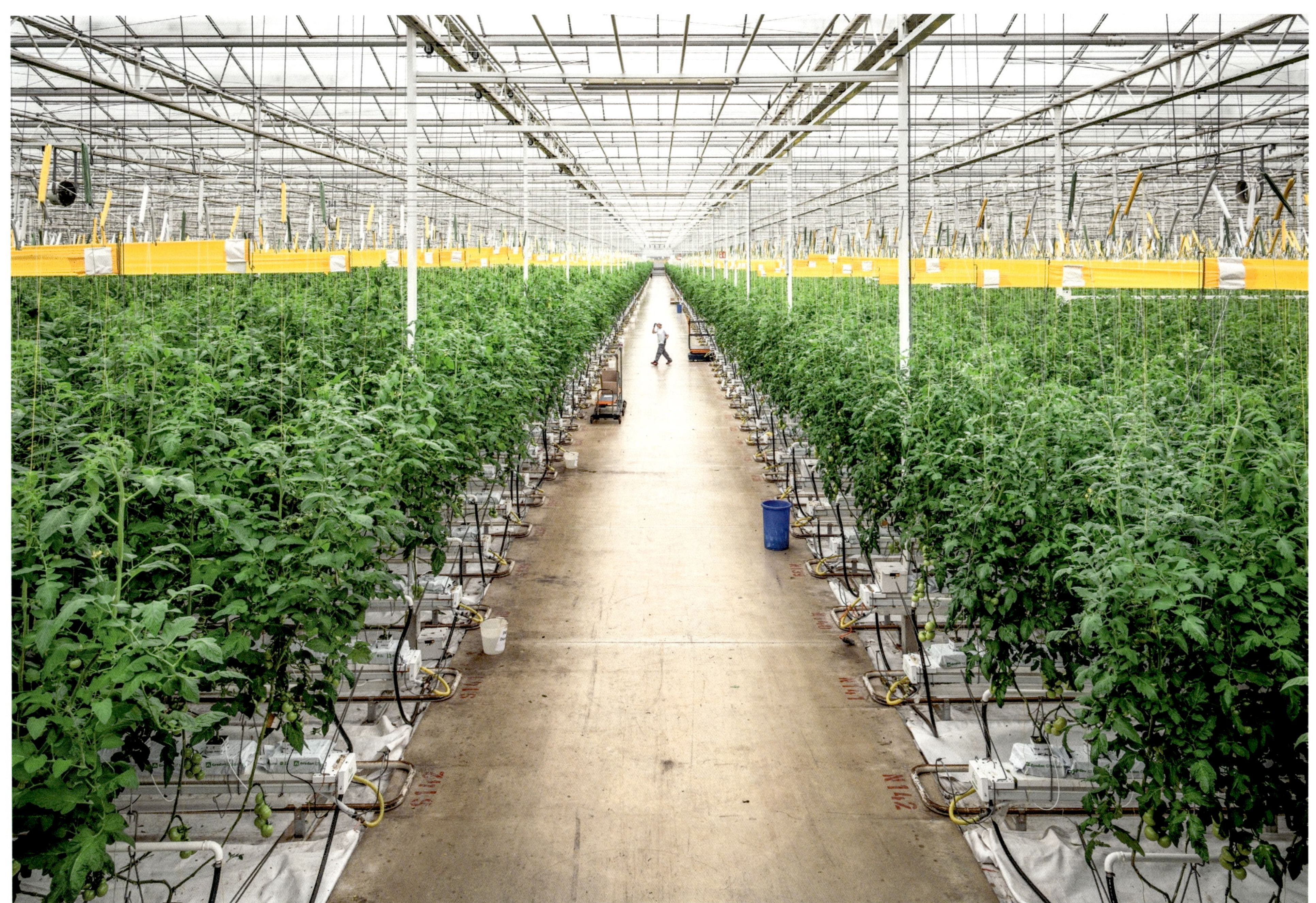

Giacomo d'Orlando
Nemo's Garden, 2021
Italie – Italy

    " Premier système de serres sous-marines au monde, l'objectif de ce dispositif est de proposer une méthode d'agriculture alternative afin de répondre aux pressions croissantes du changement climatique. Dans ces biosphères, différentes variétés de plantes ont été cultivées : du basilic, des tomates-cerises, des fraises, des haricots, etc. Leurs caractéristiques ont ensuite été étudiées et comparées avec celles des espèces cultivées dans un environnement terrestre traditionnel, démontrant des améliorations dans leur structure chimique.
L'agriculture représente 70 % de l'utilisation de l'eau douce dans le monde. Selon le GIEC, le phénomène de désertification provoqué par le changement climatique au cours des dernières années a déjà largement réduit la productivité agricole dans de nombreuses régions du monde, dont l'Italie. Dans le contexte actuel de croissance démographique vertigineuse, l'agriculture sous-marine est considérée comme un nouveau moyen durable et rentable d'augmenter le rendement des cultures et de répondre à la demande alimentaire future.

    " *This world's first underwater greenhouse system aims to provide an alternative method of agriculture in response to the increasing pressures of climate change. In these biospheres, different varieties of plants have been cultivated: basil, cherry tomatoes, strawberries, beans, etc. Their characteristics were then studied and compared with those of species grown in a traditional terrestrial environment, resulting a more enhanced chemical structure.*
Agriculture represents the 70% of freshwater use worldwide. According to IPCC, the desertification phenomenon brought by climate change in the recent years has already reduced extensively agricultural productivity in many regions of the world, including Italy. In the present scenario of staggering population growth, underwater agriculture is regarded as a new sustainable and cost-efficient way to increase crop yields and meet future food demands.

11-20 mm f/2.8 Lens - 1/640 sec at f/10 ISO 640

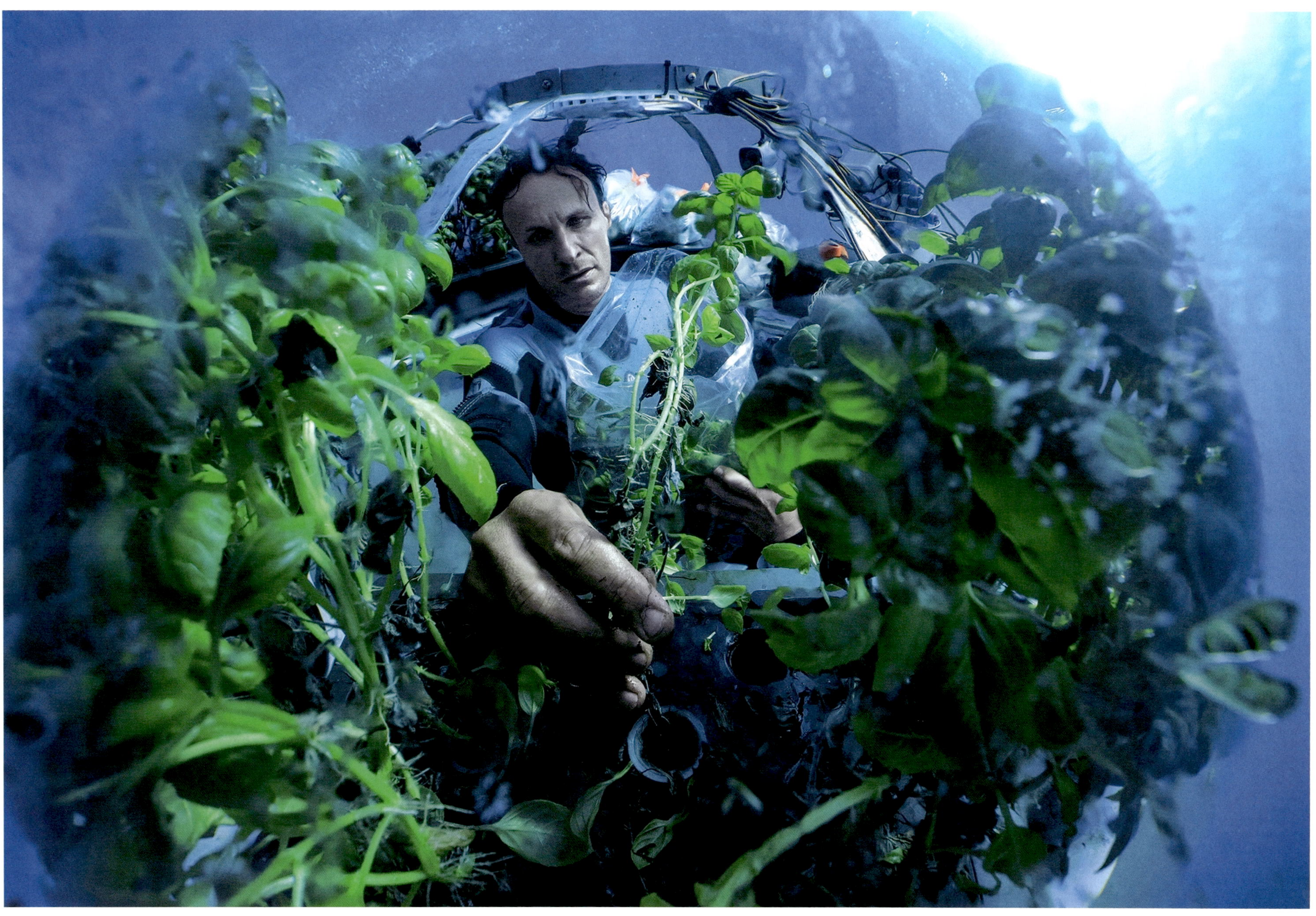

Ioana Stoicescu
The Sea is not a Trash Bin!, 2021
Golfe-Juan, France – Golfe-Juan, France

66 Cette photographie a été prise lors d'un nettoyage sous-marin massif réalisé par l'association de plongeurs en apnée « Opération Mer Propre » qui s'engage à préserver et réhabiliter les fonds marins, mais aussi les lacs et les cours d'eau, par le ramassage de déchets. Cette équipe d'anciens pêcheurs sous-marins, qui chassent désormais les déchets marins et non plus les poissons, se réunit régulièrement pour des nettoyages en mer et organise des campagnes de sensibilisation sur cette thématique.

66 *This photograph was taken during a massive underwater clean-up by the freedivers' association "Opération Mer Propre" (Clean-Sea Operation), which is committed to preserving and rehabilitating the seabed, but also lakes and rivers, by collecting waste while diving. This team of former spearfishermen, which now hunts marine trash instead of fish, meets regularly for underwater clean-ups and organises awareness-raising campaigns on this theme.*

MENTION DU JURY / JURY'S DISTINCTION

16-35 mm f/4 Lens - 1/320 sec at f/4.5 ISO 250

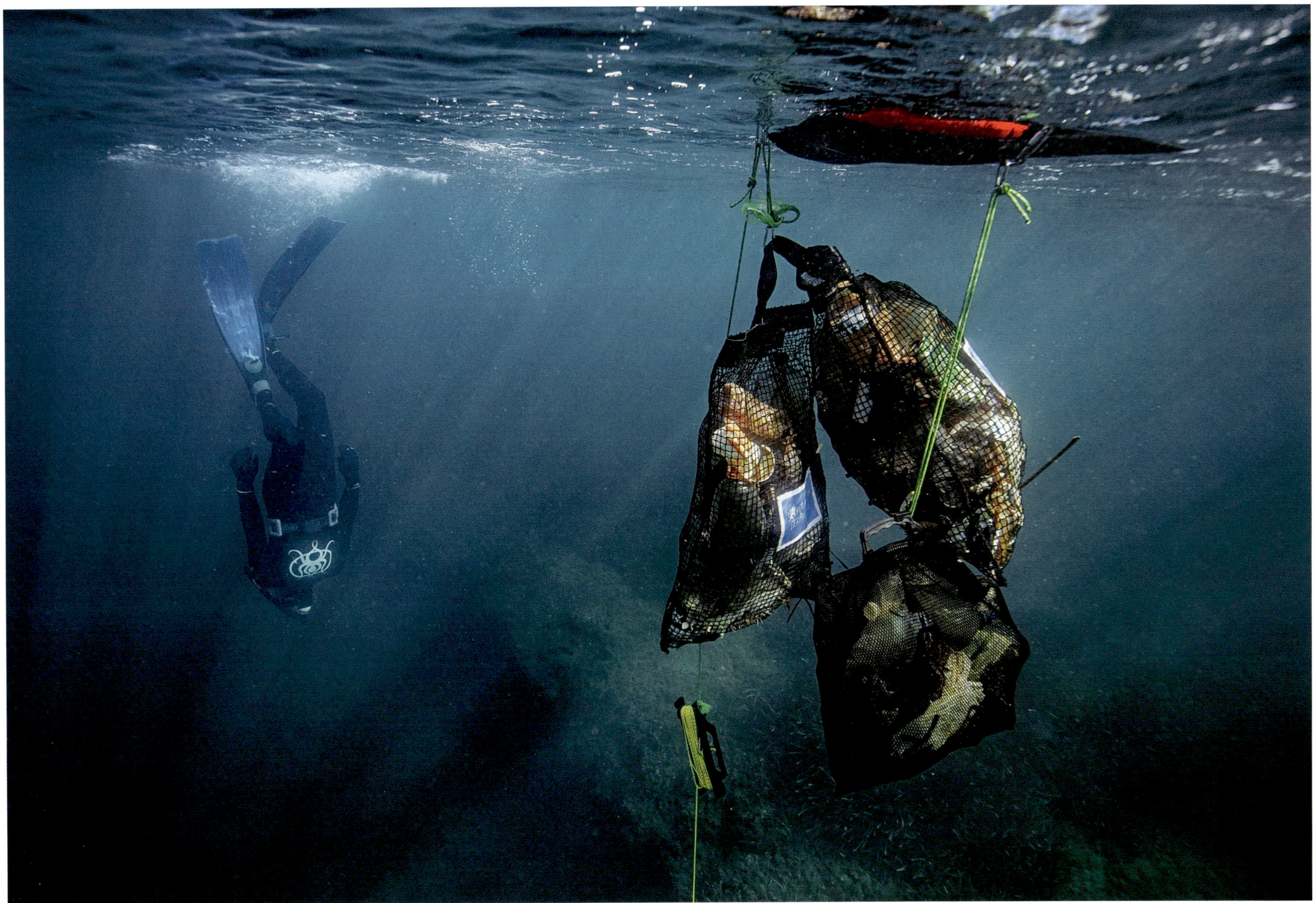

Vijay S. Jodha
Woman Collecting Camel Dung, 2011
Pushkar, Inde – Pushkar, India

66 Malgré tous les progrès réalisés, l'accès au combustible de cuisson reste un défi pour plus de deux milliards de personnes dans le monde. Les populations les plus précaires sont contraintes d'utiliser des alternatives non durables, voire parfois dangereuses pour leur santé, comme le charbon ou le bois de chauffage. Mais les excréments d'animaux font aussi partie d'une solution largement utilisée, comme on peut le voir à travers cette photographie. La ville indienne de Pushkar, située en bordure du désert du Thar, accueille chaque hiver la plus grande foire aux chameaux du monde. Elle attire, pendant toute une semaine, des marchands locaux ainsi que des touristes, des photographes et des cinéastes internationaux. Cependant l'événement cache une autre réalité : les personnes les plus pauvres de la ville saisissent cette occasion pour pourvoir à l'un de leurs besoins les plus fondamentaux. Ce sujet, qui me tient à cœur, a également fait l'objet du court-métrage primé que j'ai réalisé en 2012, *Poop on Poverty*.

66 *Despite all the progress made, access to cooking fuel remains a challenge for more than two billion people in the world. The poorest populations are forced to use unsustainable alternatives, sometimes even dangerous for their health, such as charcoal or firewood. But animal dung is also part of a widely used solution, as can be seen in this photograph.The Indian town of Pushkar, located on the edge of the Thar Desert, hosts the world's largest camel fair every winter. It draws local traders as well as international tourists, photographers and filmmakers for a whole week. However, the event hides another reality: the town's poorest people use this opportunity to provide for one of their most basic need. This subject, which is close to my heart, was also the subject of the award-winning short film I made in 2012,* Poop on Poverty.

70-200 mm f/2.8 Lens - 1/1600 sec at f/3.5 ISO 100

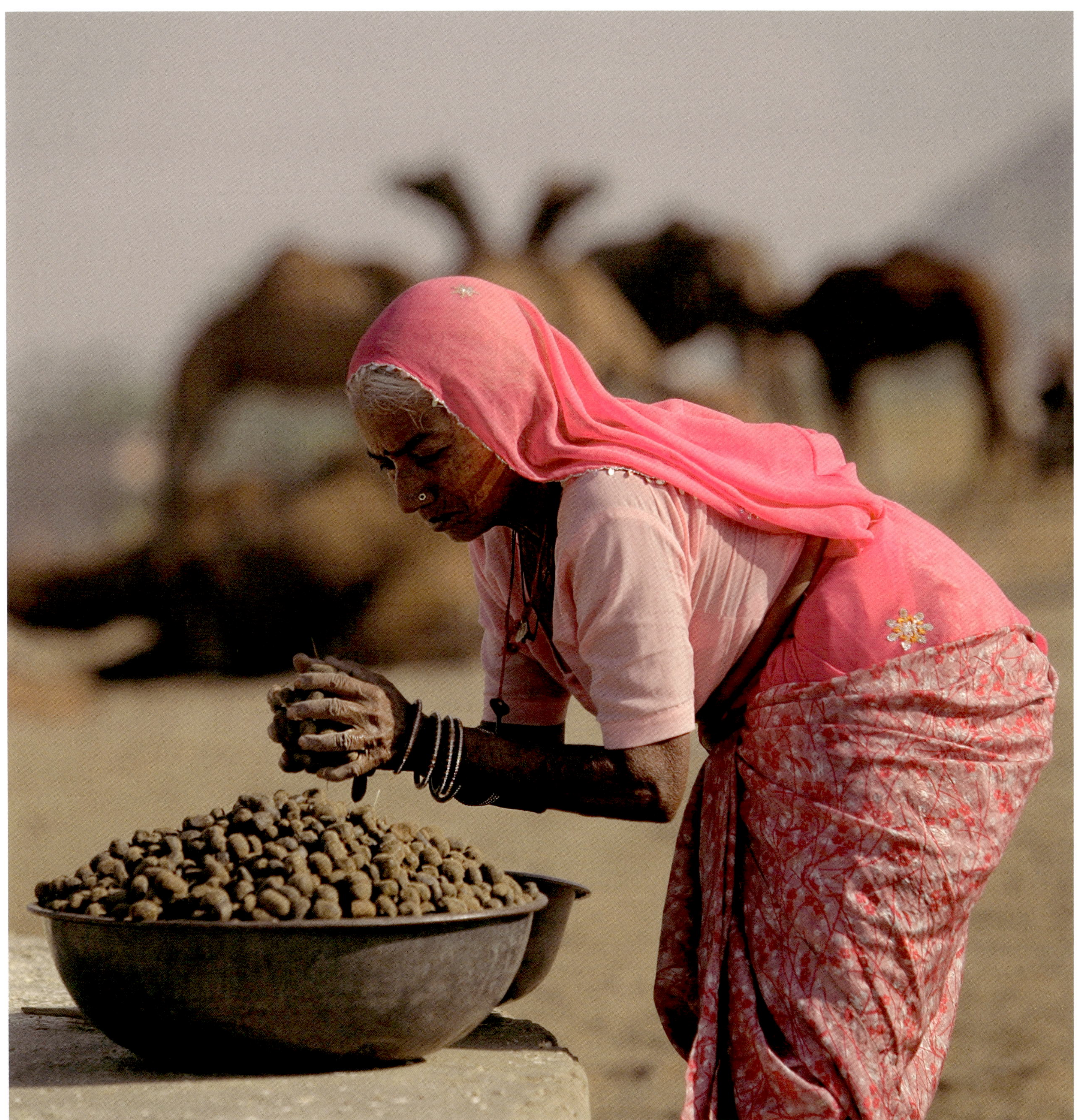

Simone Tramonte
Net Zero Transition (I), 2020
Islande – Iceland

66 Kristinn Haflidason, PDG d'Algaennovation, surveille l'un des photobioréacteurs de l'installation de production de microalgues, au parc géothermique d'ON à Hellisheidi. En l'espace de quelques décennies, l'Islande a réussi à transformer son économie en abandonnant les combustibles fossiles au profit d'une production d'électricité provenant à 100 % de sources renouvelables. La technologie exclusive d'Algaennovation pour la culture de microalgues permet de produire une empreinte carbone négative et d'utiliser moins de 1 % de l'eau douce et des terres utilisées par les producteurs d'algues traditionnels. L'usine utilise l'eau et l'électricité de la centrale géothermique voisine et exploite les émissions de dioxyde de carbone dans un processus qui transforme et valorise les déchets de manière durable.

66 *Kristinn Haflidason, CEO of Algaennovation, monitors one of the photobioreactors in the micro-algae production facility, at ON's Geothermal Park in Hellisheidi. In the span of a few decades, Iceland has successfully transformed its economy, shifting from fossil fuels to 100% renewable electricity generation. Algaennovation proprietary technology for micro-algae cultivation enables a negative carbon footprint and uses less than 1% of freshwater and land areas used by conventional small-scale algae companies. The plant uses water and electricity from the nearby geothermal power plant and exploits carbon dioxide emissions in a process that turns waste to value in a sustainable manner.*

24-70 mm f/2.8 Lens - 1/400 sec at f/4.5 ISO 800

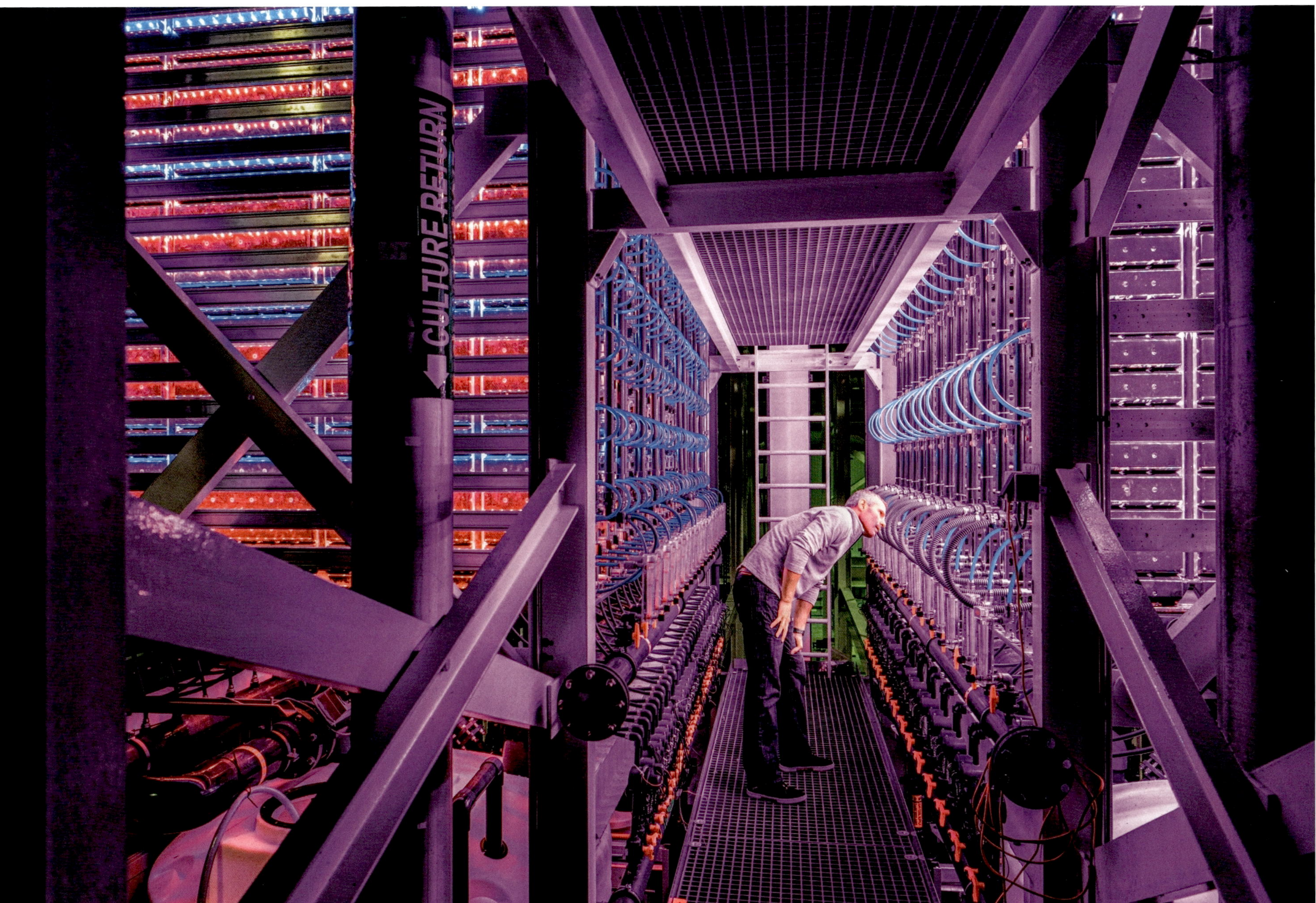
CULTURE RETURN

MONDES AQUATIQUES

LIFE UNDER THE SURFACE

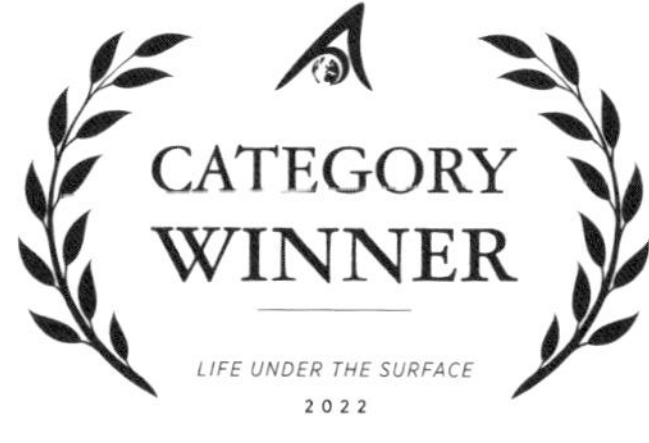

Yung Sen Wu
Pacific Red Sockeye, 2018
Rivière Adams, Colombie-Britannique, Canada
Adams River, British Columbia, Canada

66 Chaque année, de septembre à octobre, les saumons rouges du Pacifique quittent l'océan et remontent vers leur lieu de naissance pour se reproduire et mourir. Lorsqu'ils arrivent à maturité (à l'âge d'environ 4 ans), un signal génétique leur fait quitter le Pacifique Nord en direction de l'embouchure du fleuve Fraser, sur la côte ouest du Canada. Ce trajet de quelques jours n'est que le début de leur épopée : pour retrouver leur chemin, ils détectent la salinité de l'estuaire et la température de la rivière, jusqu'à reconnaître l'environnement de leur cours d'eau natal. Ils vont parcourir environ 800 kilomètres en trois mois, sans se nourrir. Arrivés exténués sur leur lieu de fraie, les saumons se reproduisent et meurent. La mission d'une vie.

66 *Each year in September and October, Pacific sockeye salmon leave the ocean and return to their birthplace to spawn and die. When they mature (at about 4 years of age), a genetic signal sends them out of the North Pacific towards the mouth of the Fraser River on the west coast of Canada. This journey of a few days is only the beginning of their epic: to find their way back, they detect the salinity of the estuary and the temperature of the river, until they recognise the environment of their native waterway. They will travel about 800 kilometres in three months, without feeding. When they arrive at their spawning grounds, exhausted, the salmon reproduce and die. The mission of a lifetime.*

12-24 mm f/4 Lens - 1/160 sec at f/16 ISO 200

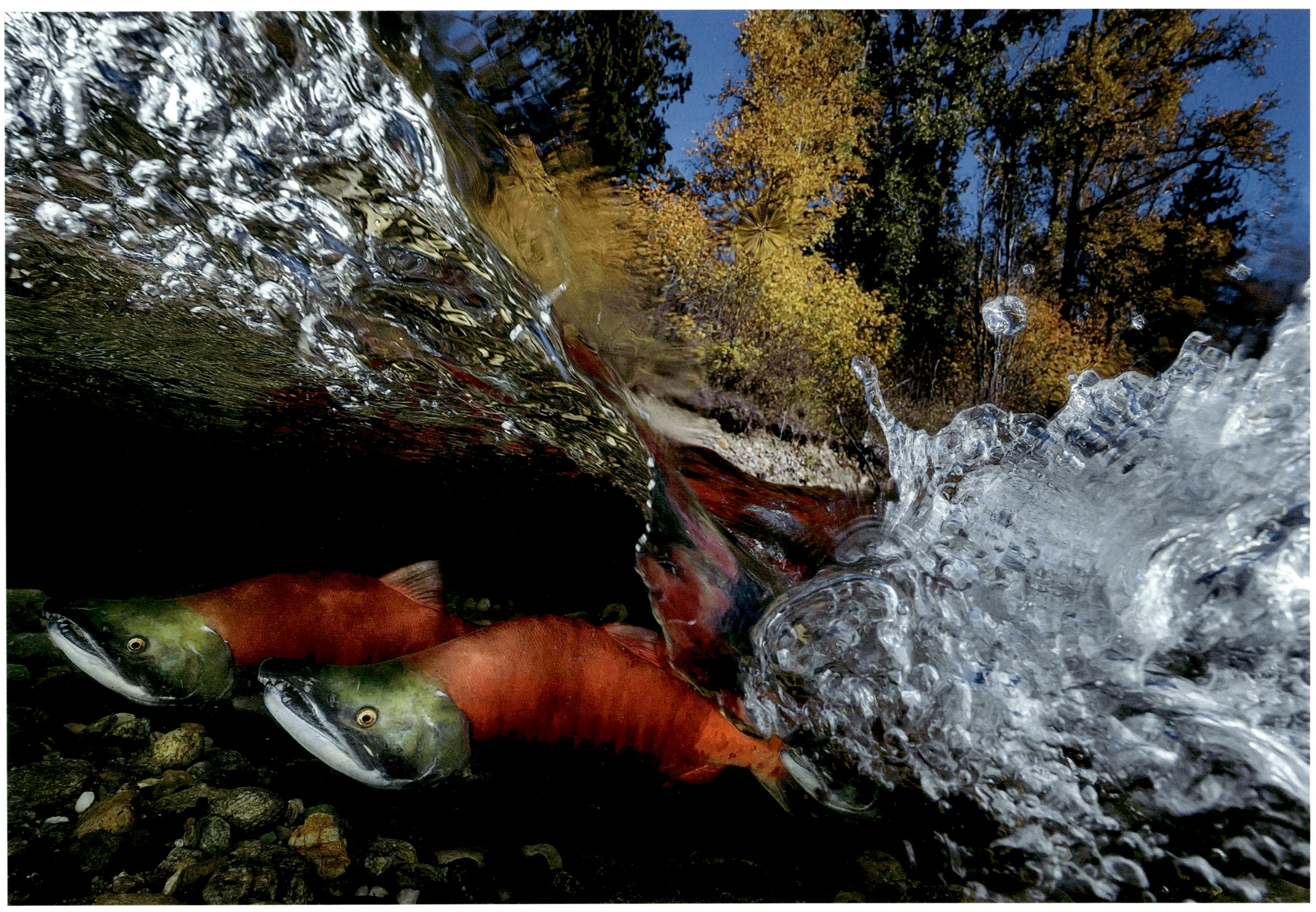

Gabriel Barathieu
Flow of Catfish, 2021
Mayotte – Mayotte

66 Ce banc de poissons-chats du récif de Mayotte a été photographié en pose lente avec un flash stroboscopique, donnant ce rendu si particulier. Cette espèce affectionne les herbiers de zostères et les fonds sableux détritiques des récifs coralliens. Alors que les individus adultes peuplent les lagons jusqu'à une cinquantaine de mètres de profondeur, les juvéniles préfèrent les eaux côtières peu profondes.

66 *This school of catfish from the Mayotte reef was photographed in a slow exposure with a strobe flash trigger, allowing this particular rendering. This species of fish is fond of eelgrass meadows and seabed sandy detrital coral reefs. While adults live in lagoons up to 50 metres deep, juveniles prefer shallow coastal waters.*

MENTION DU JURY / JURY'S DISTINCTION

---

100 mm f/2.8 Lens – 0.6 sec at f/32 ISO 250

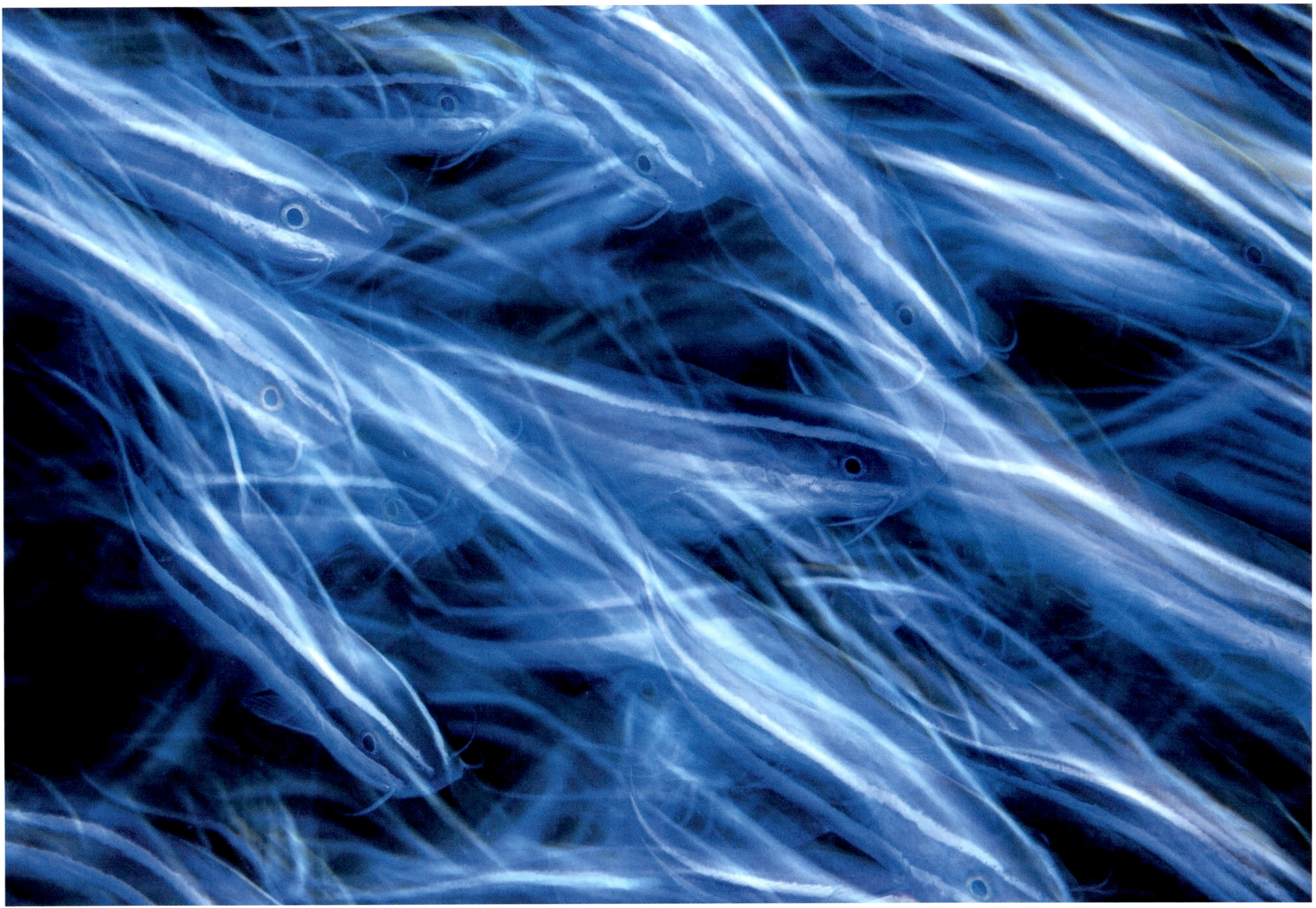

Alex Mustard and **Lilian Blot**
Shell Patterns, 2018
Manado, Indonésie – Manado, Indonesia

“ Le parc marin de Bunaken est un lieu de prédilection pour les tortues vertes et nous voulions célébrer cet endroit à travers une composition sobre et esthétique. Le principal défi technique de cette prise de vue était de parvenir à déclencher l'appareil au bon moment pour obtenir la composition la plus symétrique possible. La présentation en noir et blanc invite le spectateur à étudier en détail la forme et les motifs de la tortue.

“ *Bunaken Marine Park is a strong hold for green turtles and we wanted to celebrate this place through a simple and eye catching composition. The main technical challenge of this shoot was the timing of the shutter release to get the most symmetrical composition possible. The black and white presentation invites the viewer to study the form and patterns of the turtle in detail.*

13 mm f/2.8 Lens - 1/200 sec at f/22 ISO 400

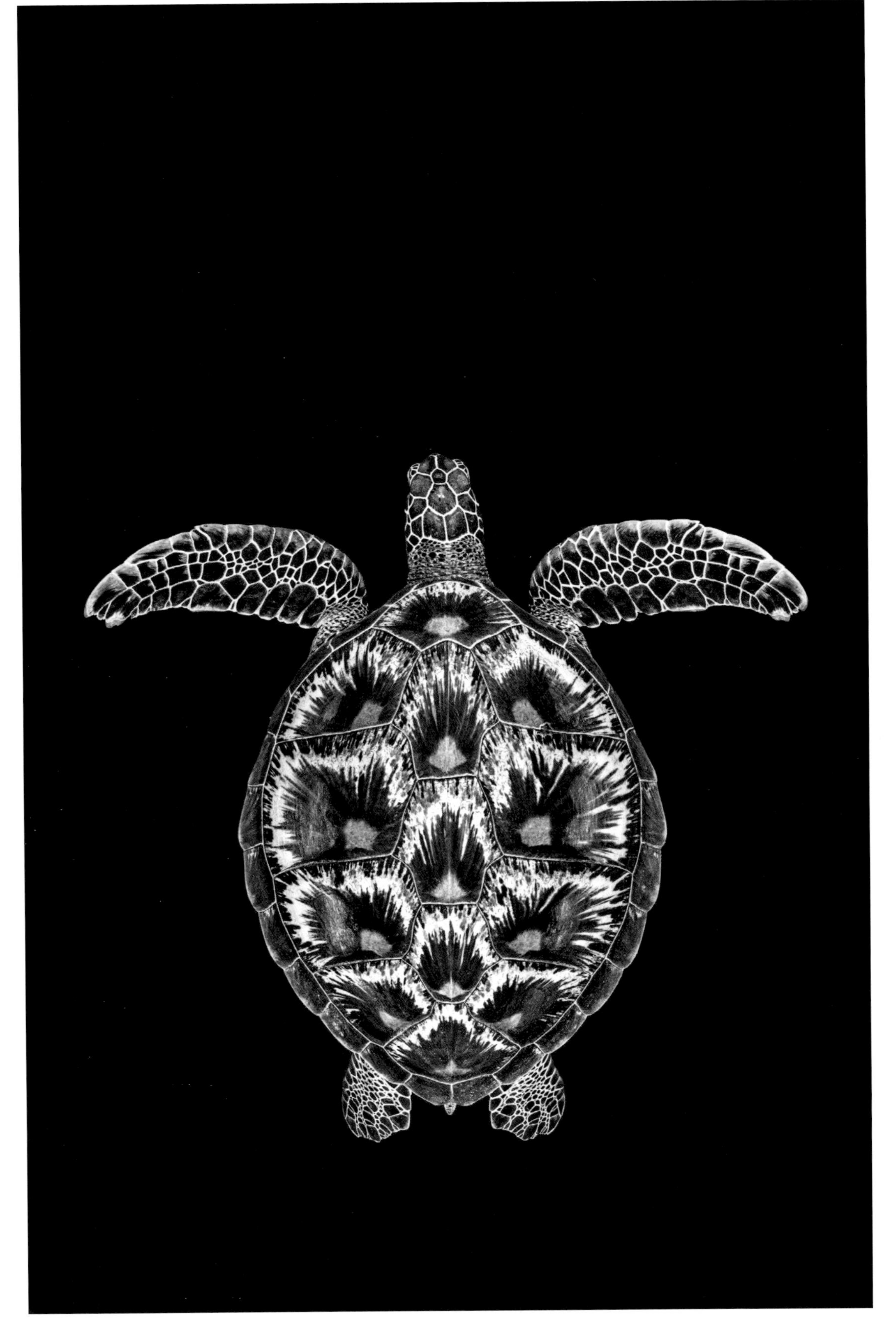

Christian Horras
The Giant, 2021
Mexique – Mexico

66 Cette raie manta océanique a été photographiée lors d'une plongée dans les îles mexicaines de Revillagigedo, dans l'océan Pacifique, à 600 kilomètres de la côte ouest du pays. Cette espèce peut atteindre jusqu'à 7 mètres de long. Ces animaux majestueux sont très amicaux et s'approchent fréquemment des plongeurs, attirés, semble-t-il, par les bulles d'air.

66 *This oceanic manta ray was photographed during a dive in the Mexican islands of Revillagigedo, in the Pacific Ocean, 600 kilometres from the country's western coast. This species can reach up to 7 metres. These majestic animals are very friendly and frequently approach divers, apparently attracted by the air bubbles.*

8-15 mm f/3.5-4.5 Lens - 1/160 sec at f/10 ISO 400

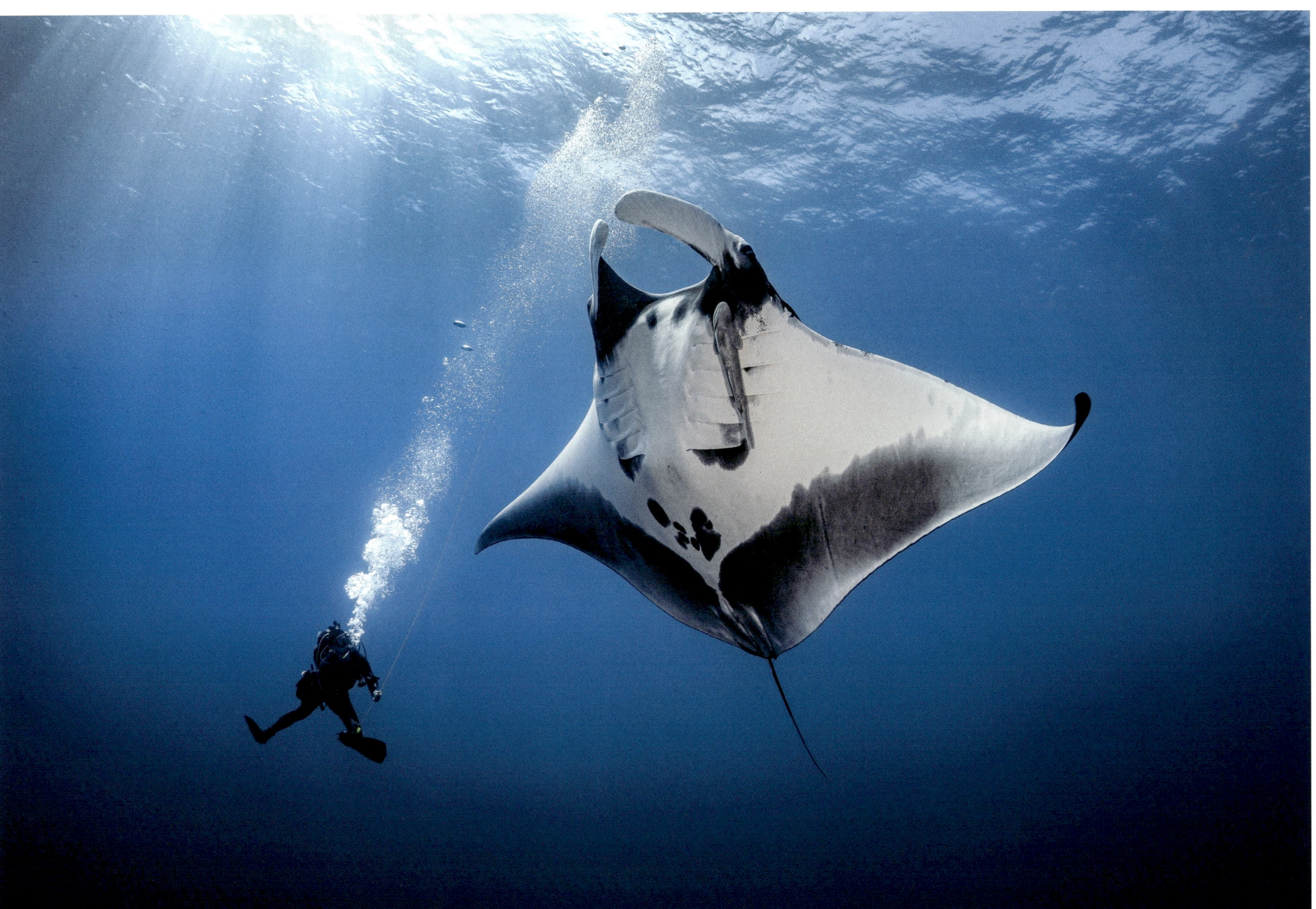

Geraint Roberts

Frog, 2018
Nord du Pays de Galles, Royaume-Uni – North Wales, United Kingdom

66 J'ai un petit étang dans mon jardin qui attire de nombreuses grenouilles, crapauds et tritons. Pour cette prise de vue, j'ai installé un petit réservoir en verre à côté de l'étang et j'y ai transféré une grenouille avec quelques têtards. J'ai installé mon appareil et j'ai attendu le moment opportun pour les photographier.

66 *I have a small wildlife pond in my back garden which attracts many frogs, toads and newts. For this shot I set up a small glass tank next to the pond and transferred a frog with some frogspawn into it. I set up my camera and waited for the right moment to photograph them.*

18-135 mm f/3.5-5.6 Lens - 1/30 sec at f/13 ISO 125

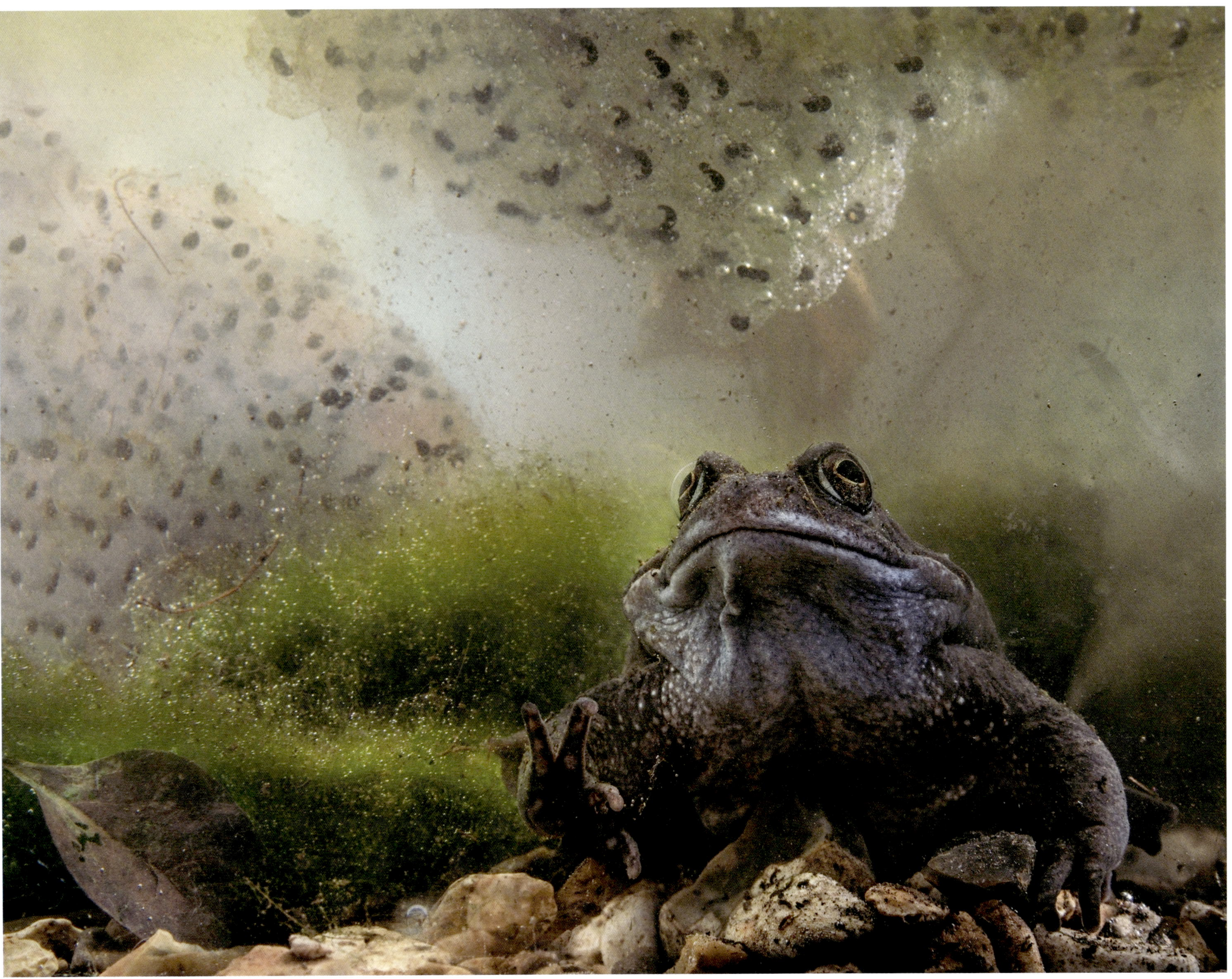

Nicholas Samaras
Swimming in Sunset, 2021
Grèce – Greece

66 La méduse « œuf au plat » (Cotylorhiza tuberculata) est une espèce qui arbore une cloche lisse et translucide d'un beige jaunâtre, surmontée, en son centre, d'un dôme aux nuances orangées, la faisant ressembler à un œuf au plat vu du dessus. Endémique du bassin méditerranéen, on la trouve communément dans la mer Méditerranée, la mer Égée et la mer Adriatique. Elle peut atteindre jusqu'à 40 centimètres de diamètre, mais fait généralement moins de 20 centimètres de large. La piqûre de cette méduse est sans danger pour l'homme et pour la plupart des espèces marines.

66 *The Fried Egg Jellyfish (Cotylorhiza tuberculata), sometimes also called Egg-Yolk Jellies, is a species that has a smooth, translucent, yellowish-beige bell with an orange-tinged dome in the centre, making it look like a cracked egg floating through the water. Endemic to the Mediterranean basin, it is commonly found in the Mediterranean, Aegean and Adriatic Seas. It can grow up to 40 centimetres in diameter but is usually less than 20 centimetres wide. The sting of this jellyfish is harmless to humans and most marine species.*

8-15 mm f/4 Lens - 1/160 sec at f/13 ISO 320

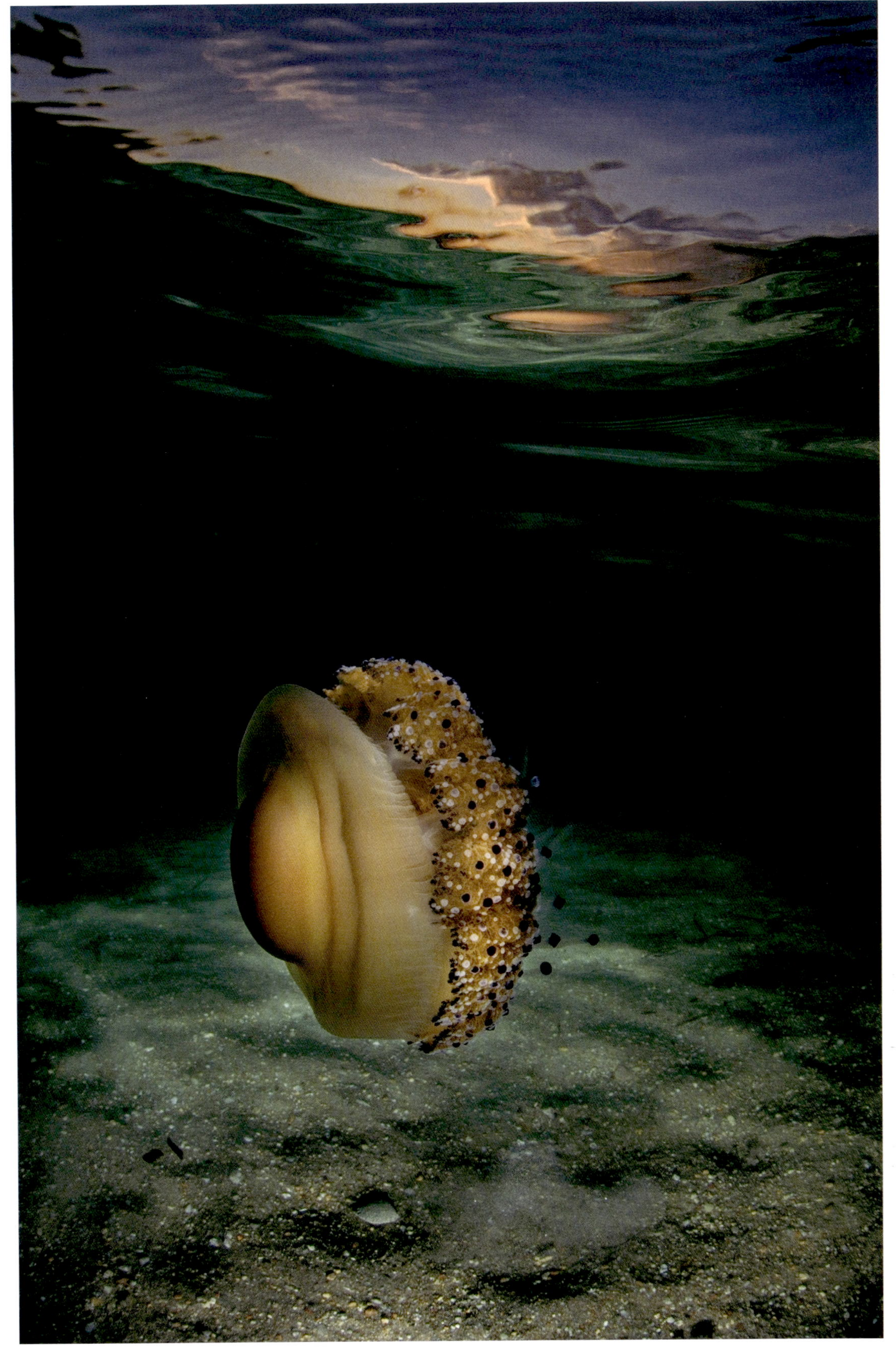

Yung Sen Wu
Barracudas, 2017
Hawaï – Hawaii

66 J'ai rencontré ces barracudas à Blue Corner aux Palaos en Océanie. J'ai nagé avec eux pendant quatre jours d'affilée sans parvenir à trouver l'angle parfait, au cinquième jour, ils ont fini par m'accepter et me laisser nager parmi eux. Entouré par les barracudas, je me suis imaginé être l'un d'eux et j'ai pris cette photo pour témoigner de cette expérience. La plongée ce jour-là a duré 50 minutes et j'ai dû redoubler d'efforts pour maintenir ma position et ne pas perdre cette chance unique de nager au milieu du banc. Le sixième jour, j'ai pu renouveler cette expérience incroyable mais sans appareil photo cette fois : pour moi, la photographie n'est qu'une façon d'observer la nature ; l'autre meilleure façon est de la vivre.

66 *I met these barracudas at Blue Corner in Palau, Oceania. I swam with them for 4 days in a row without being able to find the perfect angle, until the 5th day when they finally accepted me and let me swim among them. Surrounded by the barracudas, I imagined myself as one of them and took this photo to document the experience. The dive that day lasted 50 minutes and I had to work hard to maintain my position and not lose this unique chance to swim in the middle of the school. On the 6th day, I was able to repeat this incredible experience but without a camera this time: for me, photography is only one way to observe nature; the other best way is to live it.*

11-24 mm f/4 Lens - 1/125 sec at f/11 ISO 400

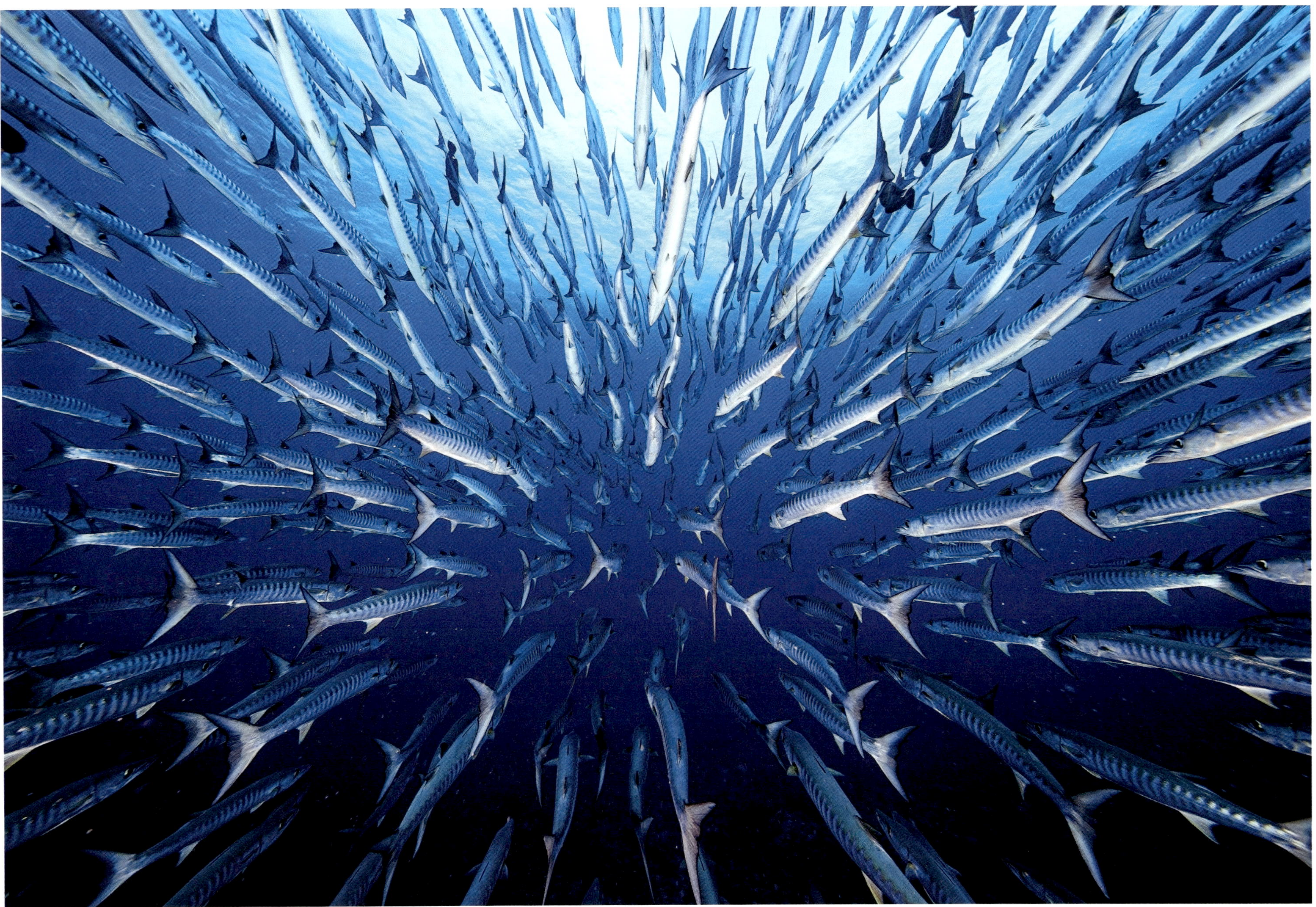

Nicholas Samaras
Courtship, 2020
Grèce – Greece

66 Stratoni est un petit village de bord de mer, au nord-est de la Grèce. Dans sa petite baie se trouve la seule colonie d'hippocampes connue de la région, composée d'hippocampes à museau court (Hippocampus hippocampus) et d'hippocampes à museau long (Hippocampus guttulatus). On les trouve en grand nombre pendant les mois d'été en plongeant à une profondeur de 8 à 17 mètres. La zone dans laquelle ils vivent ne présente ni herbes marines ni formations rocheuses. Cependant, pour des raisons encore méconnues, les hippocampes y prospèrent. Lorsqu'une femelle et un mâle se rapprochent l'un de l'autre en vue de se reproduire, ils changent de couleur, passant du gris terne à un jaune incandescent. Le mâle tourne autour de la femelle et le couple évolue en spirale au cours d'une parade nuptiale élaborée qui peut durer jusqu'à une heure. Une fois scellé, le couple se retrouvera régulièrement, de manière exclusive et fidèle, tout au long de sa vie.

66 *Stratoni is a small seaside village in north-eastern Greece. In its small bay is the only known seahorse colony in the area, consisting of short-snouted (Hippocampus hippocampus) and long-snouted (Hippocampus guttulatus) seahorses. They can be found in large numbers during the summer months diving to a depth of 8 to 17 metres. The area in which they live has no seagrass or rock formations. However, for reasons not yet understood, seahorses thrive there. When a female and a male approach each other to breed, they change colour from a dull grey to a glowing yellow. The male circles the female and the pair spirals in an elaborate courtship display that can last up to an hour. Once sealed, the pair will meet regularly, exclusively and faithfully, for life.*

100 mm f/2.8 Lens - 1/80 sec at f/10 ISO 125

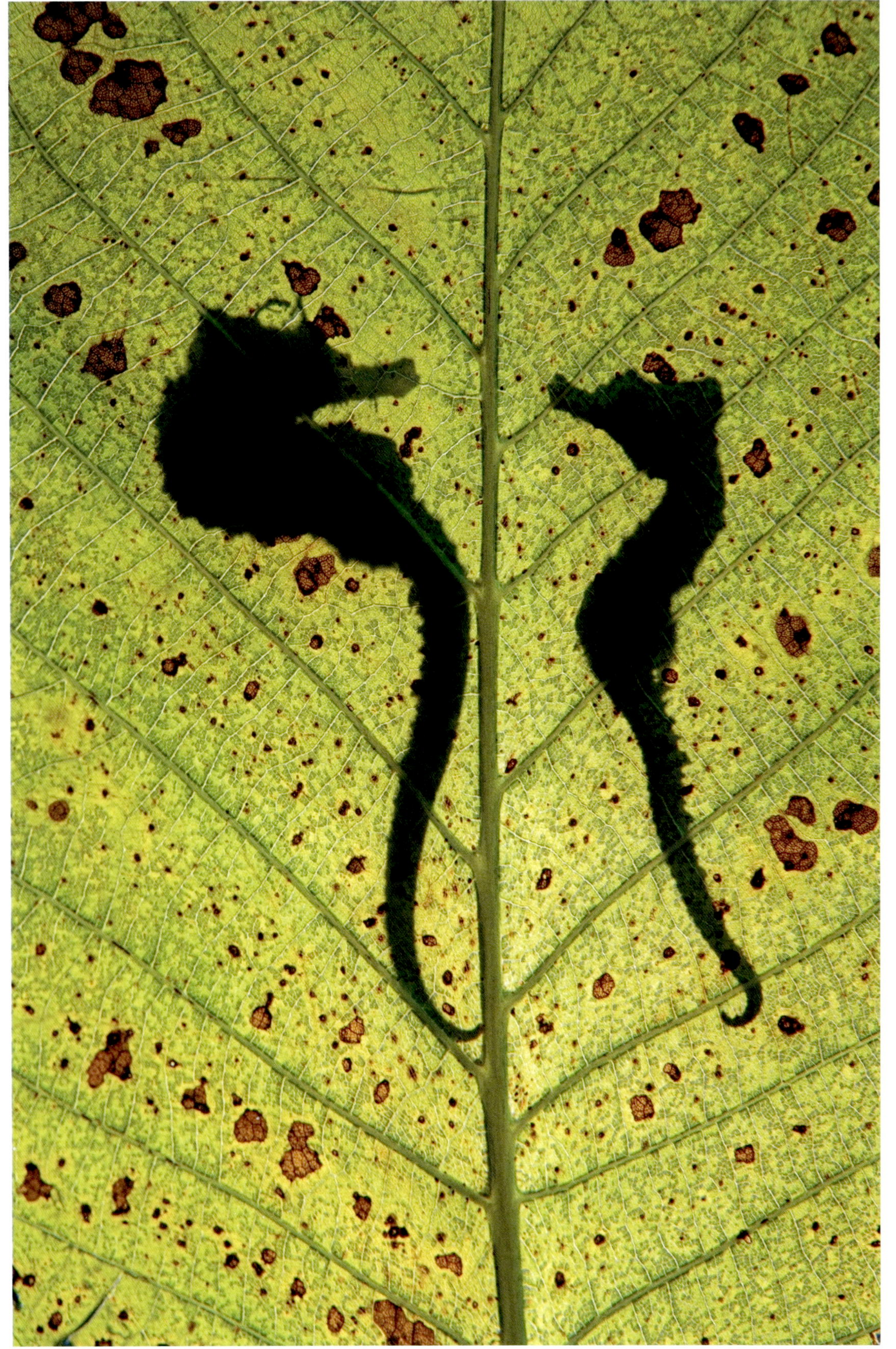

Urs Albrecht
Odd One Out, 2020
Villefranche-sur-Mer, France – Villefranche-sur-Mer, France

 66 J'ai trouvé fascinant d'observer les interactions entre ces bébés calmars (Loligo vulgaris) et la façon dont ils changent de couleur. De toute évidence, l'un d'eux avait une perception de la situation très différente de celle de tous les autres. Cela m'a rappelé les êtres humains qui, eux aussi, perçoivent les situations de différentes manières ; ce qui n'est pas sans causer parfois quelques désaccords.

 66 *It was fascinating to observe the interaction between these baby squids (Loligo vulgaris) and the way they change colour. Obviously one of the animals had some different perception of the situation than all the others. This reminded me of humans who also perceive a particular situation in different ways, which may generate disagreement.*

60 mm f/2.8 Lens - 1/60 sec at f/10 ISO 6400

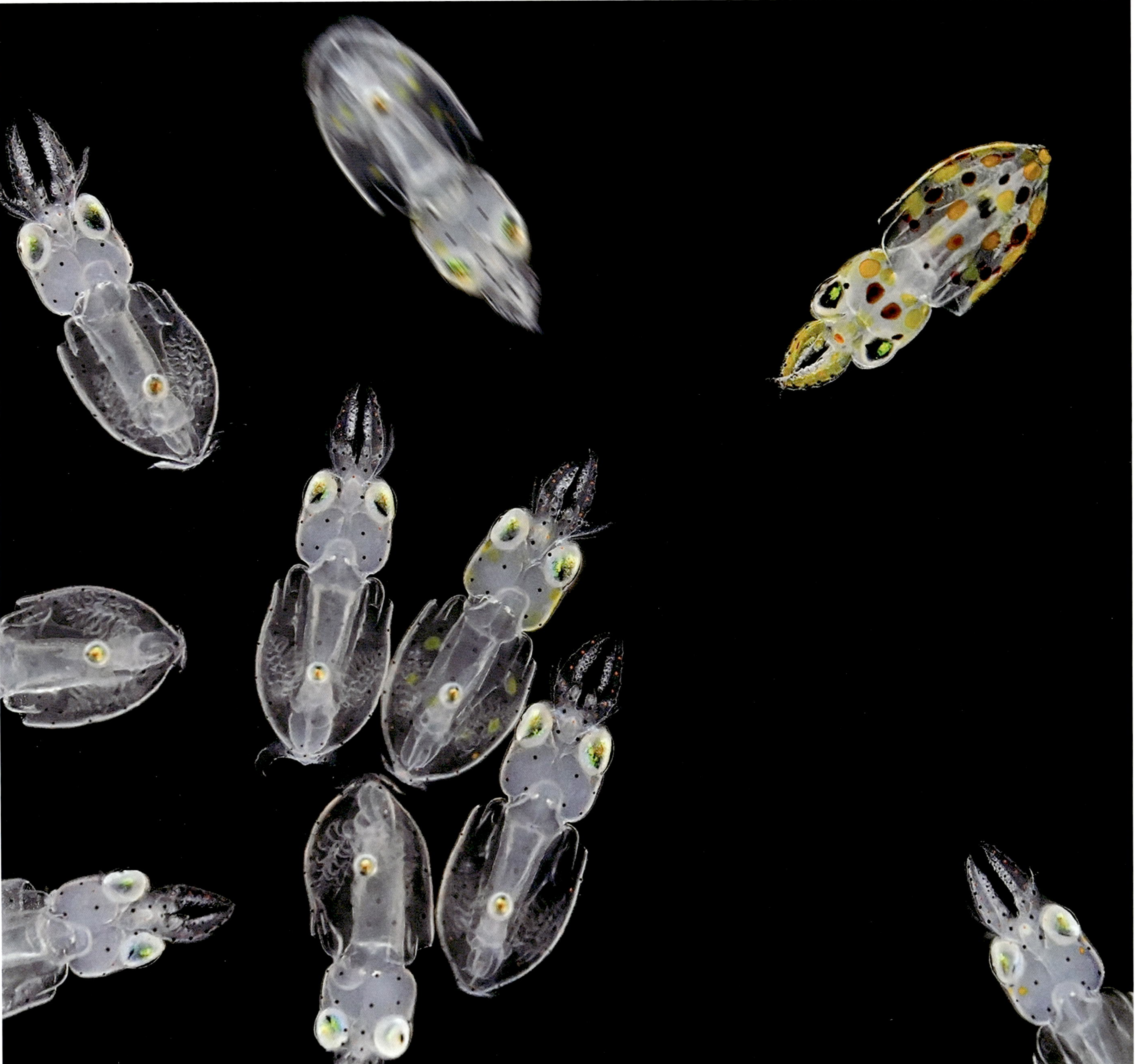

AU CŒUR DE LA FORÊT

BENEATH THE CANOPY

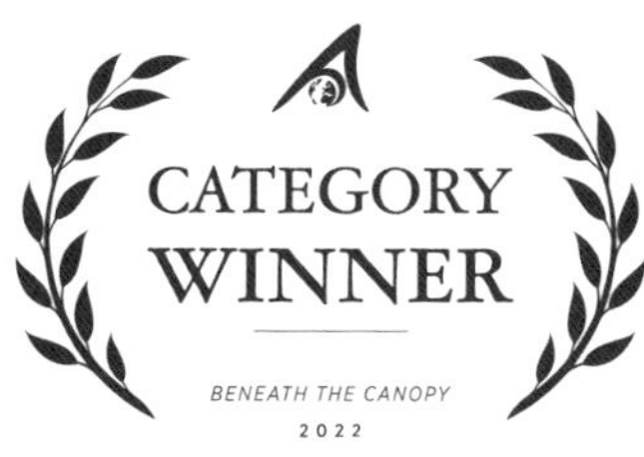

Haikun Liang
Glowworm, 2022
Guangdong, Chine – Guangdong, China

66 La photographie a été prise à Guangdong, en Chine. Grâce à l'augmentation des investissements gouvernementaux en faveur de l'environnement, le cadre de vie de la faune locale s'est beaucoup amélioré et offre des spectacles aussi saisissants que cette parade nocturne de vers luisants au cœur de la forêt.

66 *The photograph was taken in Guangdong, China. Thanks to increased government investment in the environment, the living ecosystem for local wildlife has improved greatly and offers such striking sights as this nocturnal parade of glowworms in the heart of the forest.*

16-35 mm f/2.8 Lens - 10 sec at f/22 ISO 50

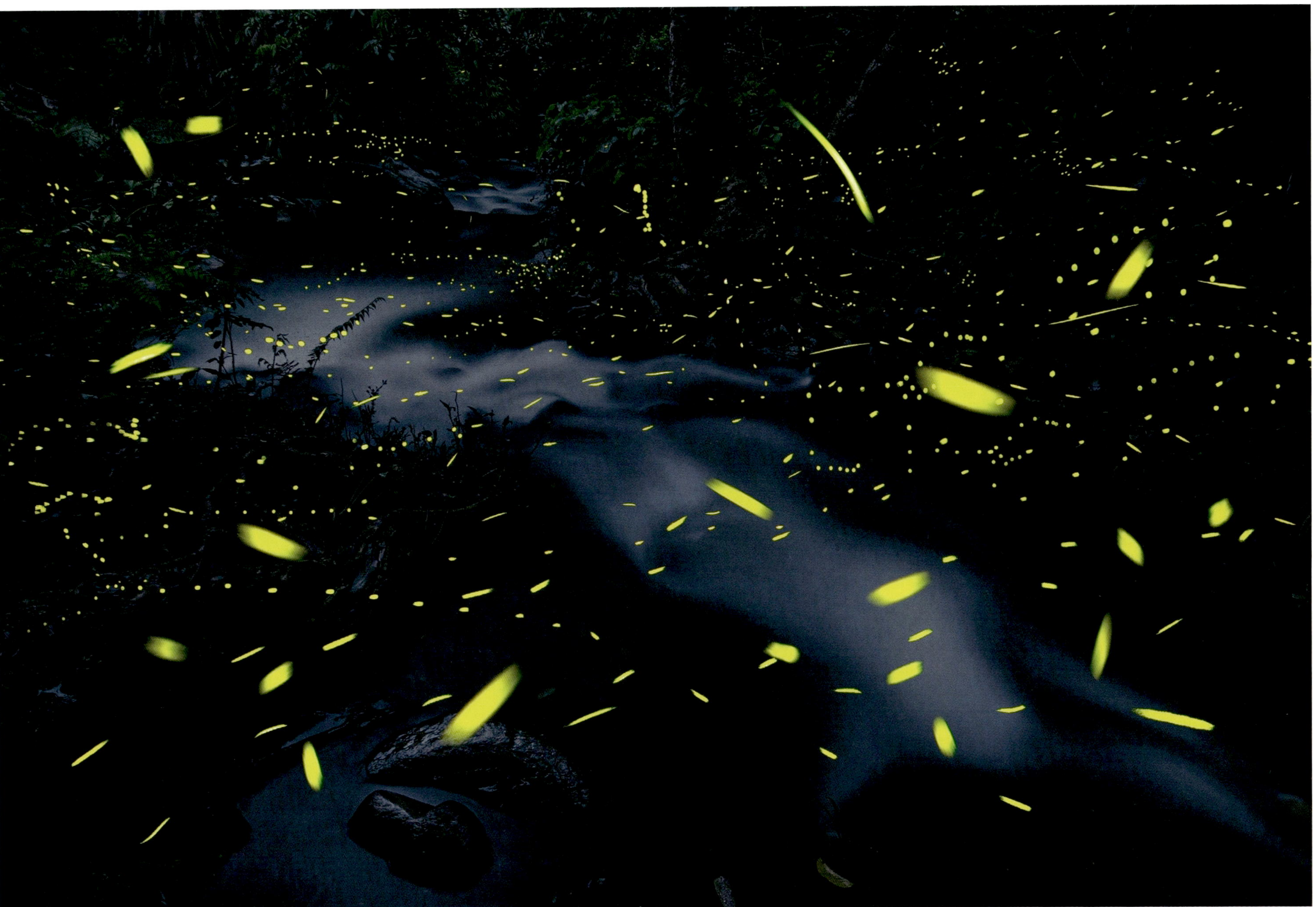

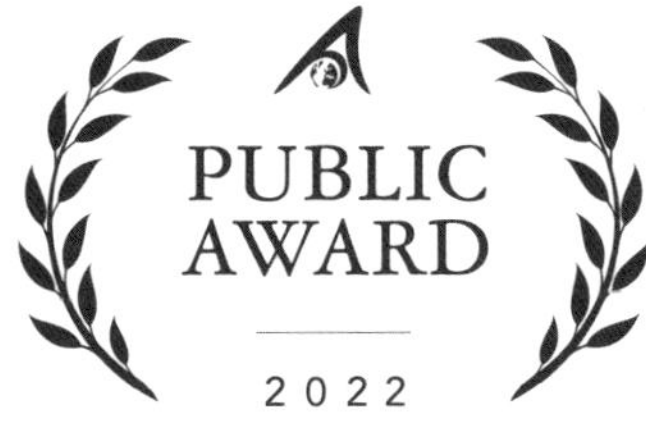

Mathieu Courdesses

Black and Wild, 2019
Parc national des volcans, Rwanda – Volcanoes National Park, Rwanda

66 L'équipe de pisteurs, le garde forestier et moi avançons péniblement dans la jungle à la recherche d'une famille de gorilles. L'espoir de retrouver leur trace se perd peu à peu. Quand, soudain, huit petits tambours à percussion résonnent au loin. « Ils frappent sur leur poitrine, ils sont proches », me dit le garde forestier. Ce son s'entend à plus de 500 mètres. Finalement, les voilà.
Ce gorille mâle à dos argenté est issu de la plus grande famille du parc national des volcans ; c'est l'un des plus vieux gorilles de la montagne. Avant de pouvoir photographier son groupe, nous devons d'abord lui demander la permission et obtenir un grognement de sa part. J'émets un grondement, de ma voix la plus grave, et la réponse est immédiate : il accepte ma présence. Cette photo témoigne des premiers instants avant la rencontre, où la tension et le doute dominent, et offre une vision différente de cet animal sauvage, sur le point de consentir à notre présence humaine.

66 *The tracker team, the ranger and I are heading to another family of gorillas through the jungle. The hope of finding their trail is gradually lost. Suddenly, 8 short percussion drums resounded in the distance. "They are beating on their chests, they are close," the ranger tells me. The sound can be heard over 500 metres away. Finally, we find them. This silverback male gorilla is from the largest family in Volcanoes National Park and is one of the oldest gorillas in the mountain. Before we can photograph his group, we must first ask his permission and obtain a grunt from him. I growl, in my deepest voice, and the response is immediate: he accepts my presence. This photo shows the first moments before the encounter, when tension and doubt dominate, and offers a different vision of this wild animal, about to consent to our human presence.*

200 mm f/2 Lens - 1/1600 sec at f/4.5 ISO 250

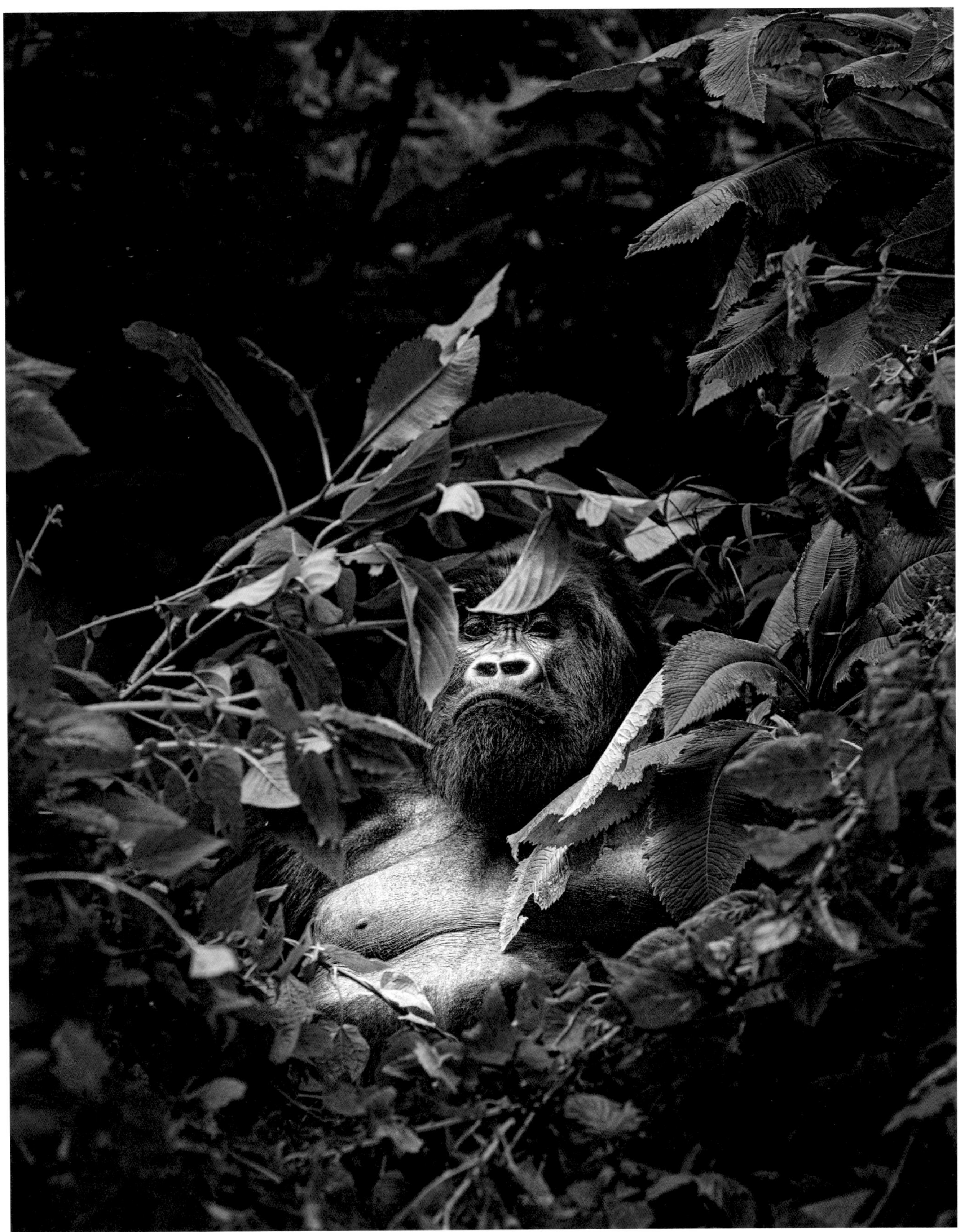

Panos Laskarakis
Macro World!, 2020
Grèce – Greece

66 Dans la forêt, une vie discrète prospère et donne à voir un autre monde, à la fois fragile et spectaculaire. J'ai repéré ces champignons à la surface des racines d'un énorme chêne, tôt le matin, lorsque l'activité de la vie souterraine est si intense. Pour ce type de macrophotographie, il faut rester immobile plusieurs heures, et, dans le cas présent, dans un environnement boueux, le plus propice à la pousse des champignons. En traversant cette forêt miniature, le mille-pattes donne à la scène une dimension inédite, celle d'un vrai petit monde sauvage. L'une de mes plus belles expériences !

66 *In the forest, a discreet life thrives and reveals another world, both fragile and spectacular. I spotted these mushrooms on the root surface of a huge oak tree in the early morning, when the activity of underground life is so intense. For this type of macro photography, you must stand still for several hours, and in this case in a muddy ground, which is the best place for tiny mushrooms to grow fast. As the centipede passes through this miniature forest, it gives the scene an unprecedented dimension, that of a real little wild world. Surely one of my best experiences.*

100 mm f/2.8 Lens - 1/400 sec at f/2.8 ISO 800

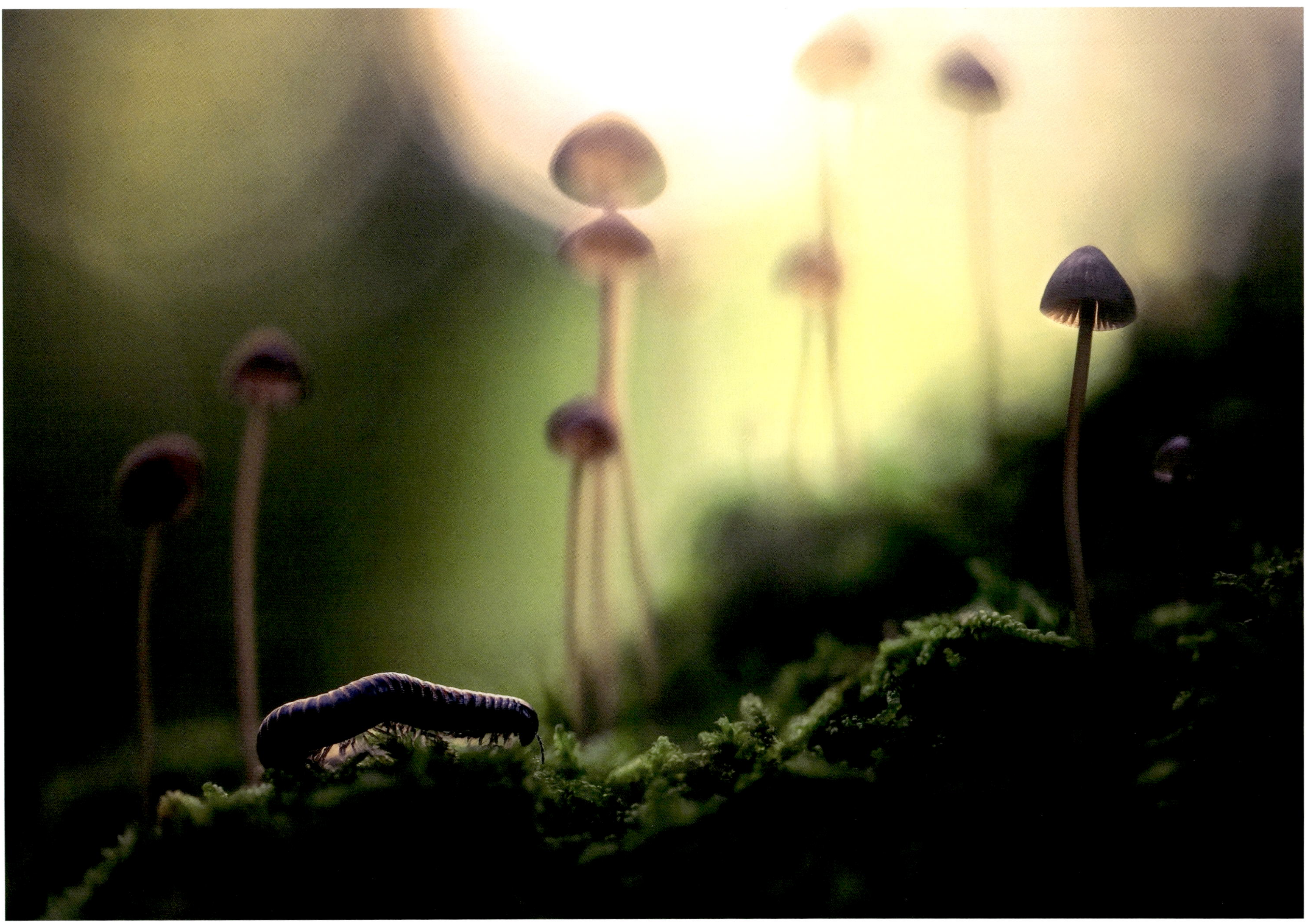

Jari Heikkinen

The Big Owl and Full Moon, 2018
Litti, Finlande – Litti, Finland

66 Une chouette lapone observe la forêt de bouleaux, plongée dans les lueurs de la pleine lune. La composition et les couleurs de cette scène nocturne – pourtant techniquement difficile à réaliser – lui donnent des allures magiques, presque irréelles.

66 *A Great Grey Owl is looking out in the birch forest, immersed in the light of the full moon. The composition and colours of this night scene – although technically difficult to achieve – give it a magical, almost unreal feel.*

MENTION DU JURY / JURY'S DISTINCTION

600 mm f/4 Lens - 1/250 sec at f/6.3 ISO 4000

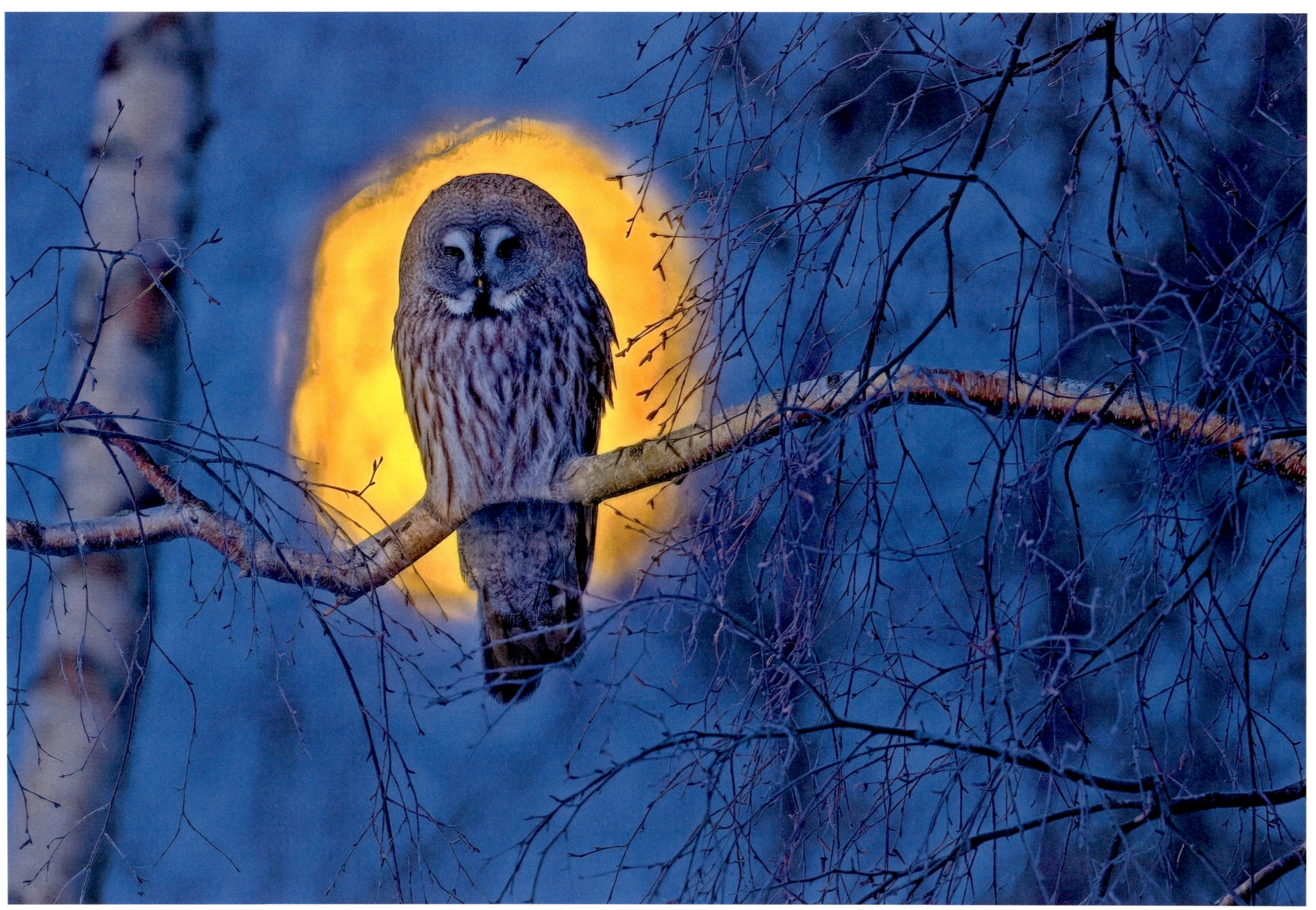

Benjamin Luke
Cloud Forest Ocelot, 2022
Costa Rica – Costa Rica

❝ Cette photo est le résultat d'une collecte de données de plusieurs mois à partir de pièges photographiques. Arrivé sur place, j'installe et je dissimule mon appareil photo numérique reflex. Comme je travaille dans les hautes terres, en climat tropical, mon équipement doit pouvoir résister à des conditions très difficiles. En concevant des étuis sur mesure pour mon appareil et mes flashes, je protège mon matériel de l'humidité, des fortes pluies et d'autres dommages divers. Cette femelle ocelot a été identifiée à plusieurs reprises dans la région, faisant de la réserve naturelle de Cloudbridge son territoire.

❝ *This image came from researching many months of camera trap data. Once I arrived at the location, I installed my DSLR camera trap. Working in the tropical highlands means my equipment must withstand tough conditions. Building custom cases for my camera and flashes meant my equipment was safe from humidity, heavy rain and general damage. This female has been identified on multiple occasions in the area, making Cloudbridge Nature Reserve her home range.*

24-70 mm f/4 Lens - 1/250 sec at f/7.1 ISO 500

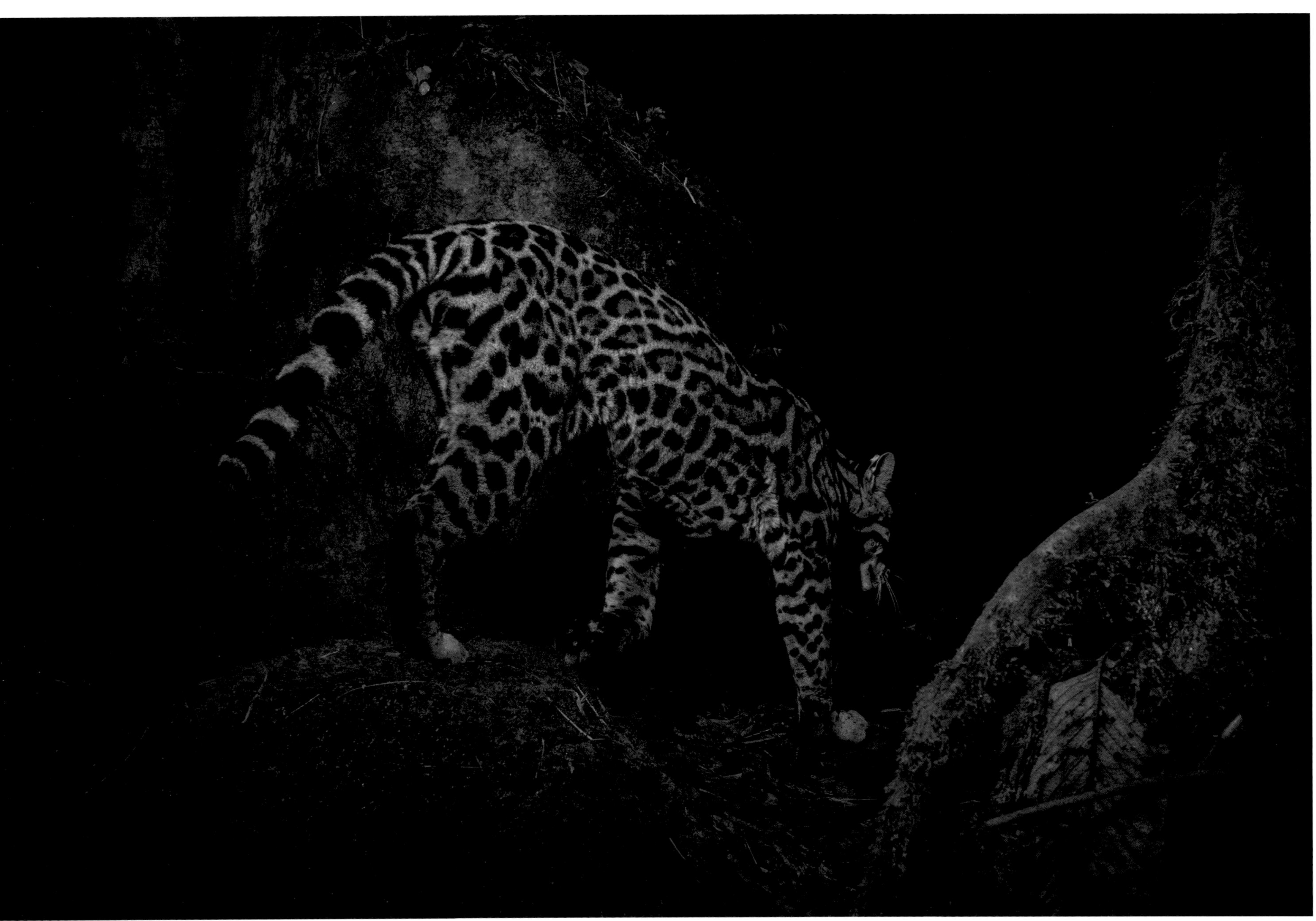

Julien Morand
Small May be Beautiful, 2021
Forêt domaniale de Bélizon, Guyane française
Belizon State Forest, French Guiana

66 Le dendrobate à ventre tacheté (Ranitomeya amazonica) est une magnifique petite grenouille de moins de 2 centimètres présente sur tout le territoire guyanais. Souvent cachée dans le creux des feuilles de broméliacées la journée, celle-ci était de sortie en bord de crique. En l'observant avec attention, on ne peut rester indifférent devant ses incroyables couleurs !

66 *Ranitomeya amazonica is a beautiful little poison frog, less than 2 centimetres in length, found throughout French Guiana. Often hidden in the hollows of bromeliad leaves during the day, this one was out on the edge of the creek. If you observe it carefully, you cannot remain indifferent to its incredible colours!*

---

105 mm f/2.8 Lens - 1/400 sec at f/4.5 ISO 400

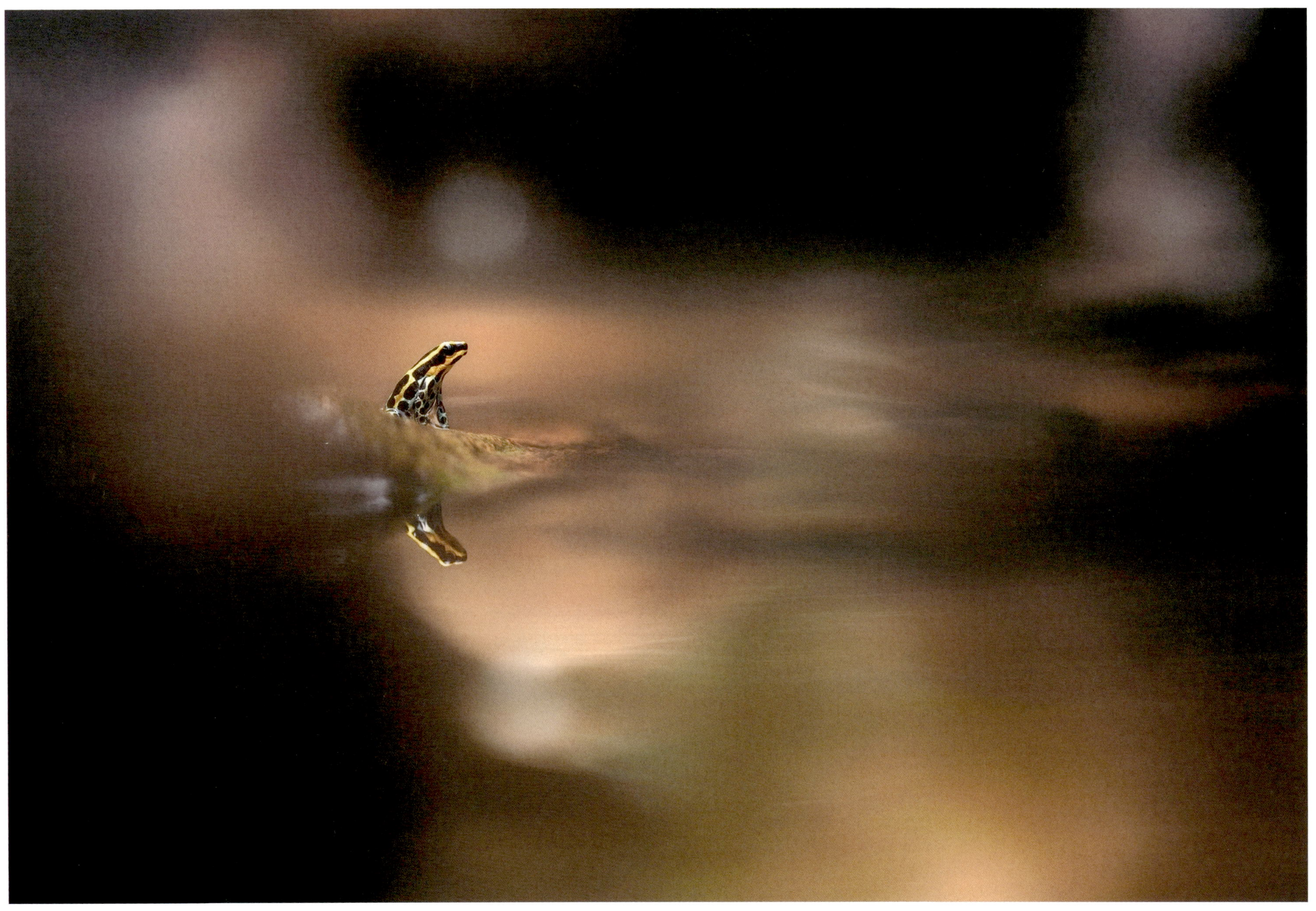

MERVEILLES POLAIRES

POLAR WONDERS

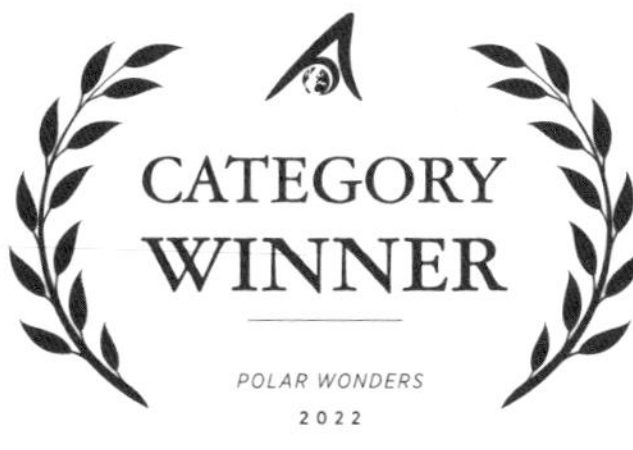

Kirstin Jones
The Great Trek, 2019
Port Charcot, Antarctique – Port Charcot, Antarctica

❝ Au cours de la dernière décennie, l'état de conservation des manchots papous (Pygoscelis papua) s'est amélioré, passant de « quasi-menacé » à « préoccupation mineure », et la population est actuellement considérée comme stable. Cependant, comme pour de nombreuses espèces, la perte d'habitat, les perturbations humaines et le changement climatique constituent des menaces importantes. En vue de la nidification, ces petits oiseaux qui ne volent pas doivent parcourir plusieurs centaines de mètres, à travers des étendues de neige, pour fonder leurs colonies de reproduction sur les crêtes rocheuses, non enneigées, à distance des côtes. J'ai passé des heures à regarder ces manchots se débattre et glisser sur leur chemin vers la mer. J'admire leur ténacité et leur vigueur. En ce jour gris de l'Antarctique, je faisais des photos près de la colonie et c'est au moment de retourner au bateau, les pieds froids et mouillés, que je vis ce trio marchant péniblement sur la neige. Je voulais capturer le contraste entre ces petits pingouins et les montagnes austères de l'arrière-plan. J'aime utiliser le noir et blanc et j'ai senti que cette image serait encore plus théâtrale dans ce format.

❝ *In the last decade the conservation status of Gentoo penguins (Pygoscelis papua) has improved from "near-threatened" to "least-concern" and the population is currently considered stable. However, as for so many species, habitat loss, human disturbance and climate change all pose significant threats. In order to nest, these small, flightless birds must trek several hundred metres, often across expanses of snow, to establish their breeding colonies on snow-free rocky ridges at a distance from the coast. I have spent hours watching these penguins struggle and slide their way up and down to the sea, and admire their tenacity and spirit. On this grey Antarctic day I had been photographing near the colony and was heading back to the boat with cold, wet feet when I saw this trio trudging across the snow.*
I wanted to capture the sense of scale and the way the penguins were dwarfed by the stark mountains in the background. I enjoy using black and white and felt that this image would be more dramatic in this format.

80-400 mm f/4.5-5.6 Lens - 1/800 sec at f/11 ISO 400

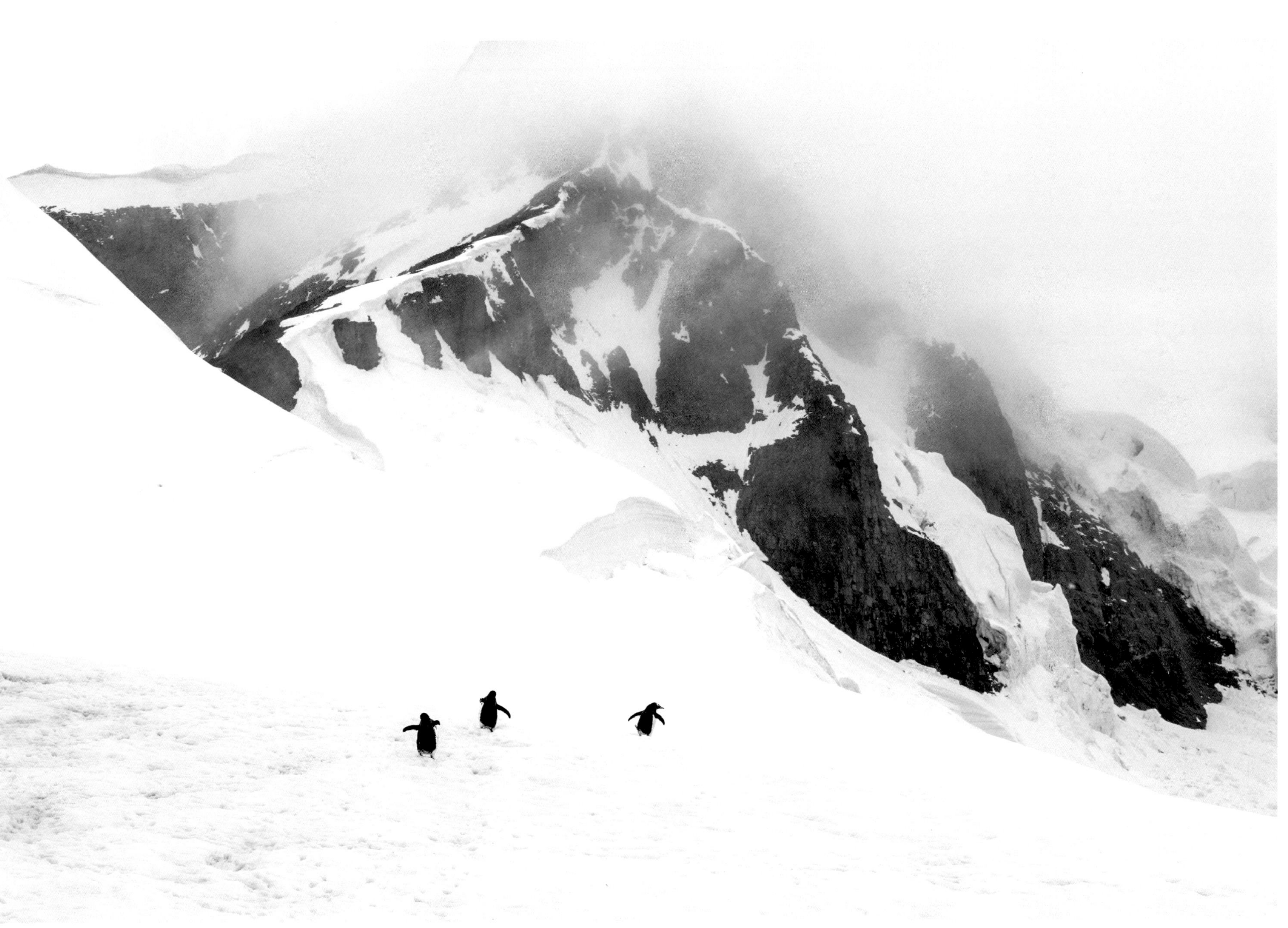

Yuri Pritisk
Live River, 2021
Russie – Russia

66 Cette rivière traverse la taïga russe. Nourrie d'eaux venues de la fonte des neiges et des glaces au printemps, elle ne gèle jamais complètement, même en hiver. Son eau, fortement minéralisée (sels de sulfite, sulfate de potassium et calcium), lui donne un goût d'eau de mer et les sédiments qui se déposent dans son lit sont à l'origine de sa couleur bleu turquoise.

66 *This river flows through the taiga of the Mari Republic in Russia. It is constantly fed from various sources and does not freeze, even in winter. Its water is highly mineralised (potassium-calcium sulfite-sulfate salts), which gives it a bitter taste, like seawater, and the sediments that settle in its bed are the reason for its turquoise blue colour.*

MENTION DU JURY / JURY'S DISTINCTION

28.0 mm f/2.8 Lens - 1/20 sec at f/6.3 ISO 100

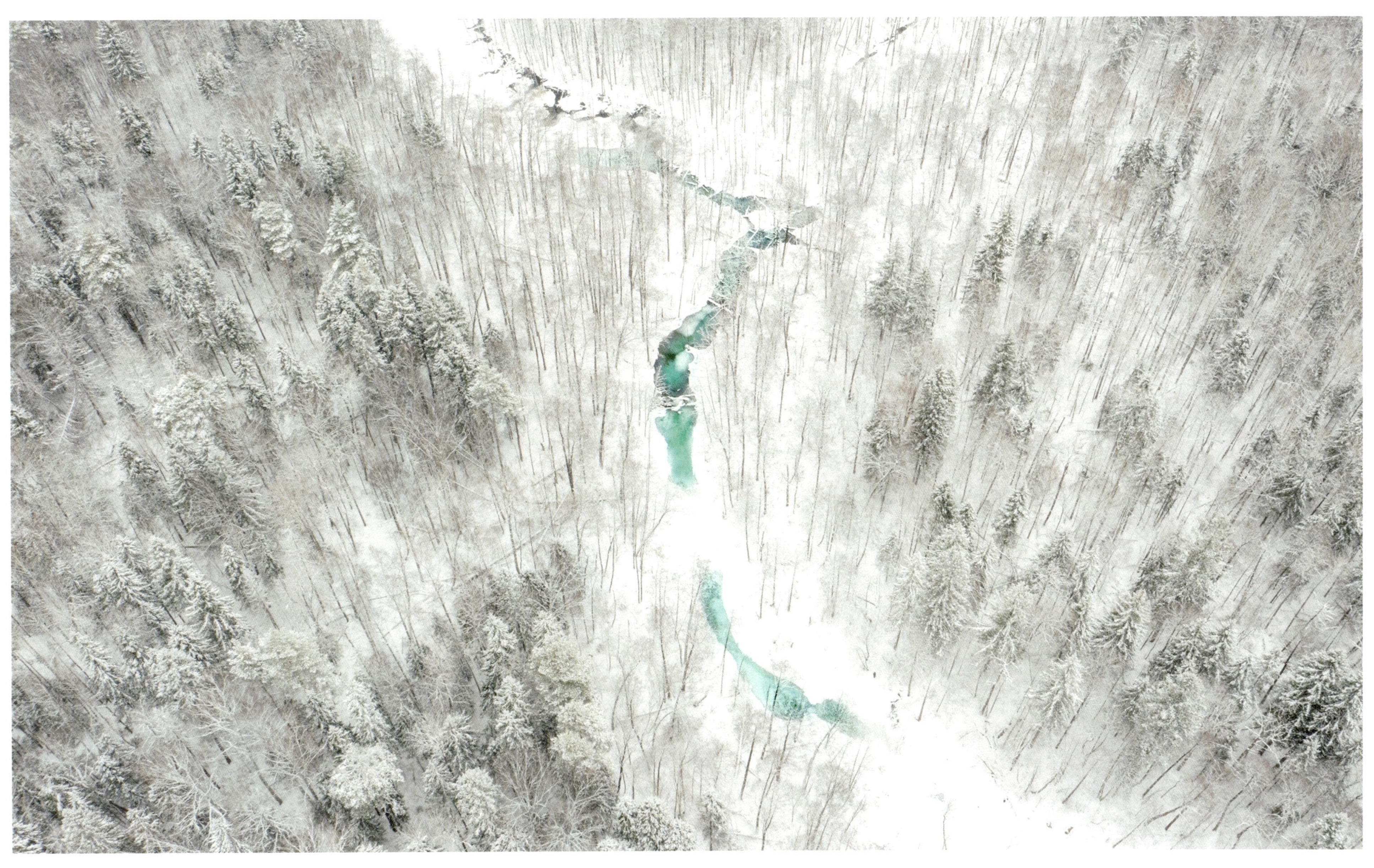

Vasily Iakovlev
In Search of Gerda, 2021
Grotte de glace au lac Baïkal, Sibérie, Russie
Ice cave at the Baikal Lake, Siberia, Russia

66 Les grottes de glace du lac Baïkal sont un phénomène naturel étonnant qui émerveille jusqu'au plus profond de l'âme. Elles sont stupéfiantes de beauté et de diversité, une atmosphère indescriptible règne en leur sein. J'ai visité un grand nombre de grottes sur le lac Baïkal, mais à chaque fois que j'ai pénétré dans l'une d'elles (le plus souvent, en rampant à travers une minuscule ouverture), j'ai été submergé par leur beauté ! Il est intéressant de noter que, chaque année, les grottes sont différentes, parfois certaines ont été fermées (par un mur de glace), tandis que de nouvelles se sont ouvertes.

66 *Ice caves of Lake Baikal are an amazing natural phenomenon that amazes to the depths of the soul. They are stunning in their beauty and diversity, an indescribable atmosphere reigns inside them. I visited quite a lot of grottoes on Lake Baikal, but every time I went (and more often, crawled into a tiny opening) inside I was overwhelmed by the beauty! Interestingly, every year the grottoes are different, sometimes some are closed (with ice), while new ones are opened.*

9 mm f/5.6 Lens - 1/50 sec at f/11 ISO 64

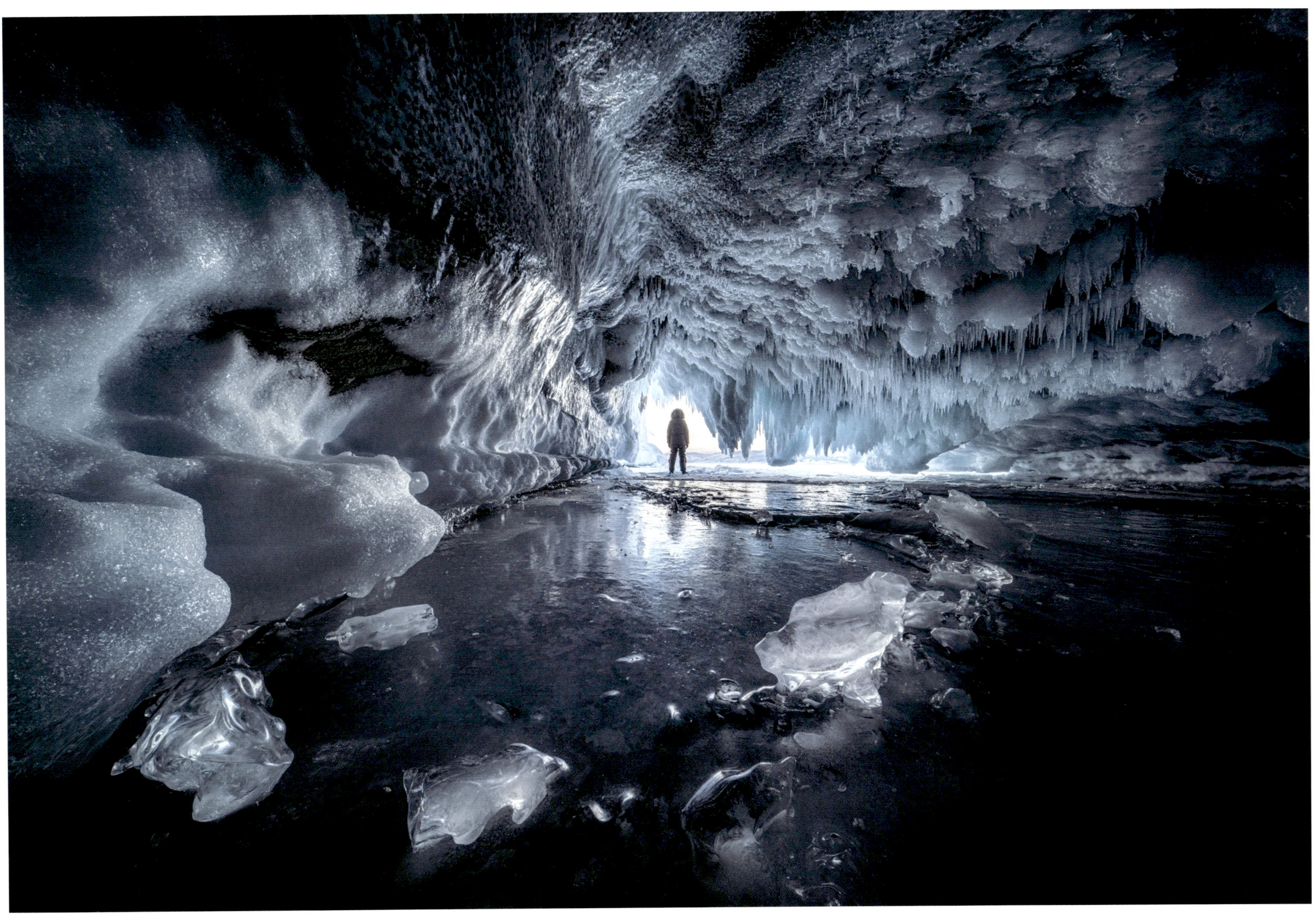

Clément Cornec
Shadows Come to Life, 2016
Antarctique – Antartica

66 Le manchot empereur se reproduit en hiver en Antarctique – autrement dit, dans l'environnement le plus froid sur terre. Les températures moyennes descendent à -40 °C pendant la longue nuit polaire et le blizzard peut souffler à des vitesses de 250 kilomètres-heure le long de la côte. Le manchot empereur est capable de toute une série d'adaptations anatomiques, physiologiques et comportementales pour maintenir sa température corporelle en dépensant un minimum d'énergie. Nous sommes ici au cœur de l'hiver austral lors de ma mission de quinze mois en Antarctique. J'ai suivi pendant des semaines la reproduction des manchots empereurs, et les premières femelles quittaient alors la colonie après la ponte. Au moment de cette prise de vue, les conditions climatiques étaient extrêmes : près de -50 °C, des vents dépassant les 100 kilomètres-heure, une faible luminosité… un vrai défi technique.

66 *The emperor penguin breeds in winter in Antarctica – in other words, in the coldest environment on Earth. Average temperatures drop to -40°C during the long polar night and blizzards can blow at speeds of 250 kilometres per hour along the coast. The emperor penguin is capable of a whole series of anatomical, physiological and behavioural adaptations to maintain its body temperature with minimal energy expenditure. We are here in the heart of the austral winter during my 15-month mission in Antarctica. After several weeks of following the breeding of the emperor penguins, the first females were leaving the colony after egg laying. At the time of this shot, the weather conditions were extreme: nearly -50°C, violent winds exceeding 100 kilometres per hour, low luminosity… a technical challenge.*

16-300 mm f/3.5-6.3 Lens - 1/640 sec at f/13 ISO 100

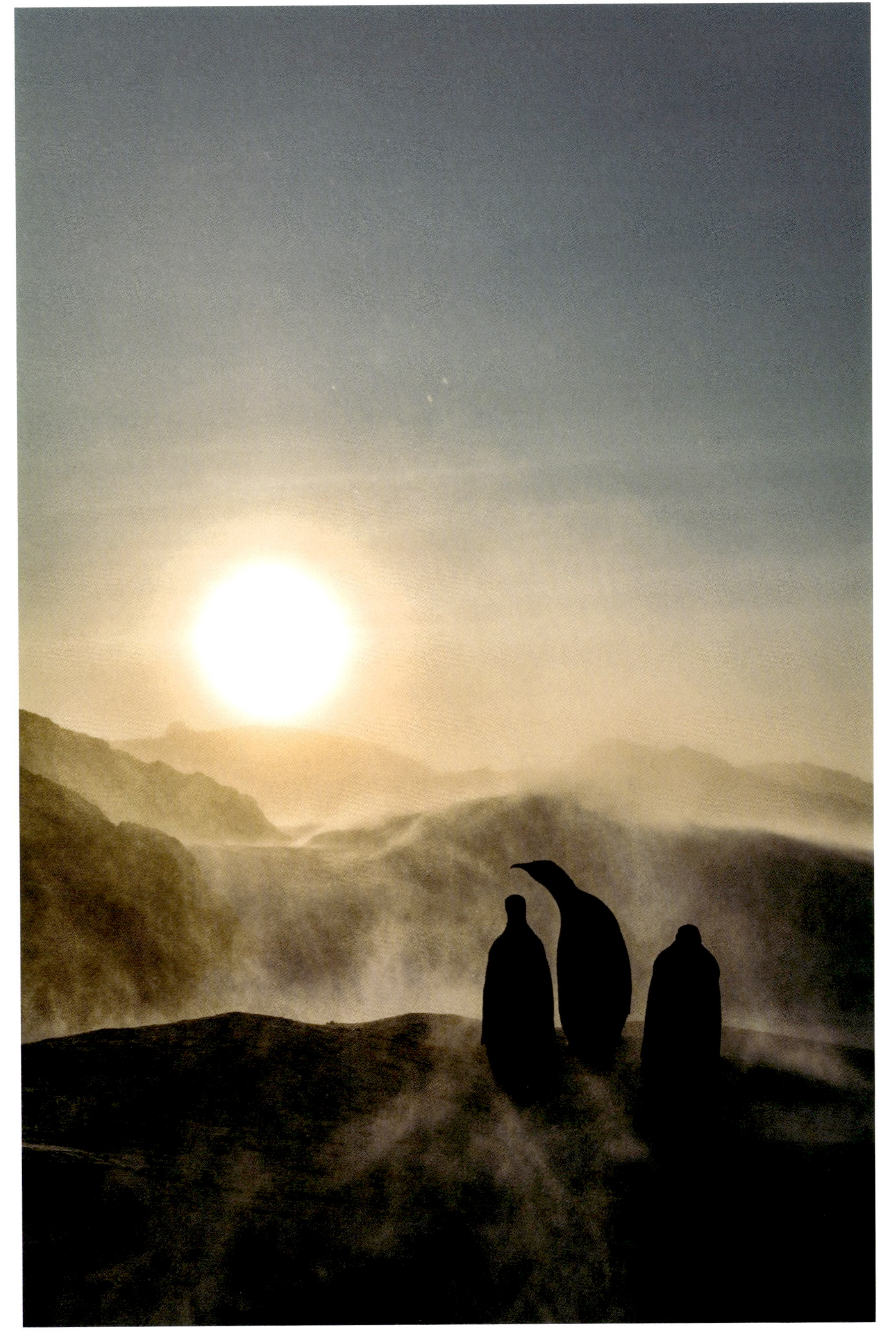

Peter Whitehead
Berg, 2018
Détroit de Bransfield, Antarctique – Bransfield Strait, Antartica

66 J'étais à bord d'un navire d'expédition afin d'explorer la mer de Weddell. Alors que nous approchions de la péninsule Antarctique, des icebergs de toutes formes et de toutes tailles sont apparus, certains d'entre eux bien plus grands que notre navire. Les icebergs se forment en se détachant de la banquise ou des glaciers. Ils répandent des quantités d'eau douce en mer et influencent ainsi les courants océaniques jusqu'à des milliers de kilomètres. Cet iceberg – bien qu'il n'ait pas été le plus imposant – avait une forme et une texture intéressantes. Le vrai défi de cette photo a été de stabiliser l'appareil !

66 *I was on an expedition ship aiming to explore the Weddell Sea. As we approached the Antarctic Peninsula icebergs of all shapes and sizes came into view, some of which dwarfed our ship. Bergs are remnants of ice-shelves and glaciers. They add freshwater to the sea thereby influencing ocean currents far away. This particular berg – though not the biggest – had an interesting shape and texture. Holding the camera steady was the challenge!*

24-105 mm f/4 Lens - 1/3200 sec at f/7.1 ISO 100

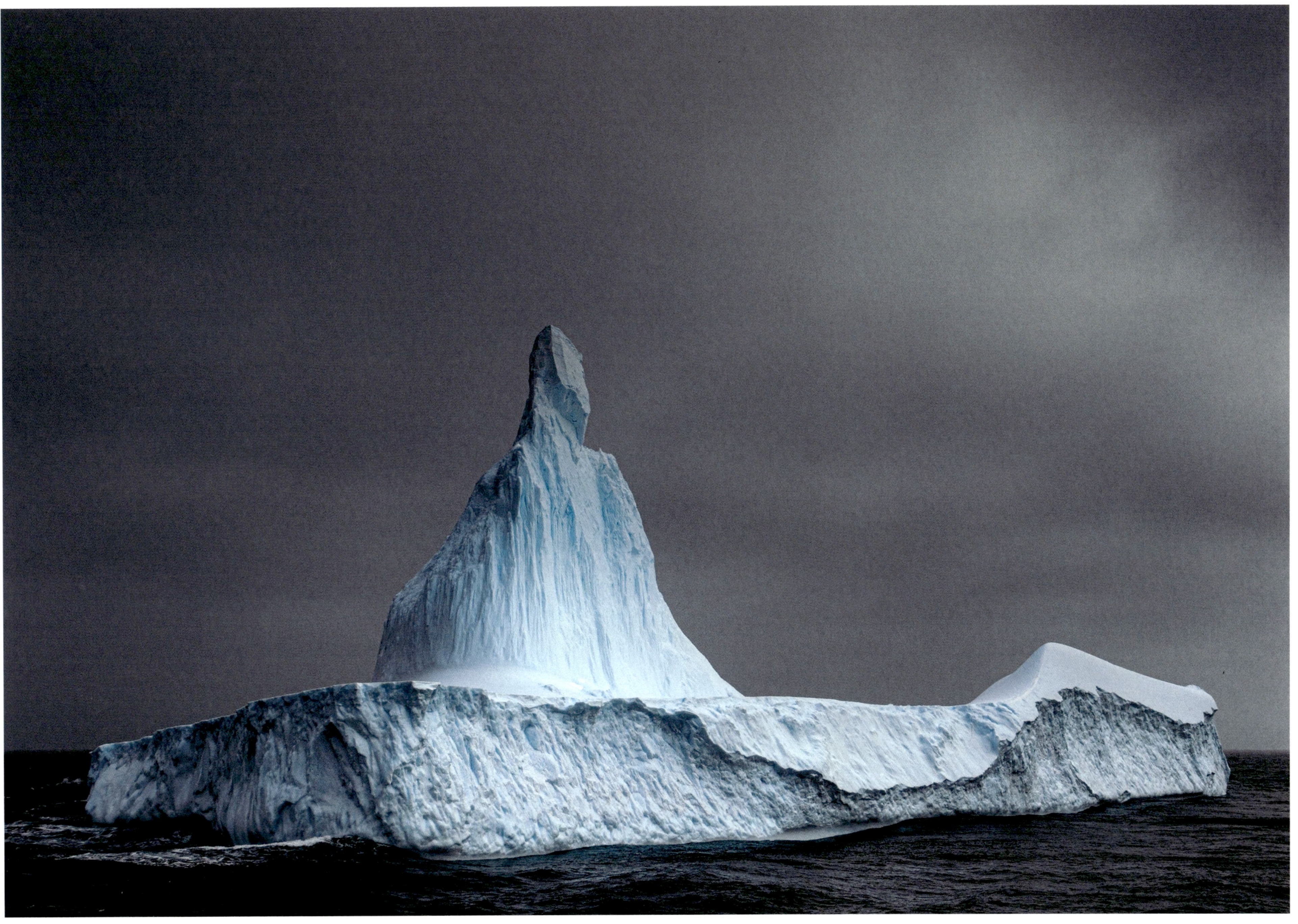

Russell Millner
Resting Before the Long Swim to the Polar Ice-Pack, 2020
Océan Arctique – Arctic Ocean

66 En expédition dans l'océan Arctique pour photographier les paysages et la faune autour de l'archipel du Svalbard, nous avons croisé cet ours polaire, dormant sur la banquise avant de poursuivre sa traversée en direction du Grand Nord. Cette photo, prise vers minuit, à bord d'un zodiak en mouvement, représente une vraie prouesse technique.

66 *On an expedition to the Arctic Ocean to photograph the landscapes and wildlife around the Svalbard archipelago, we came across this polar bear, resting on an ice floe before continuing its swim to the Far North. This photo, taken at around midnight from a moving Zodiac, was a real technical challenge.*

200-400 mm f/4 Lens - 1/1250 sec at f/4.5 ISO 1000

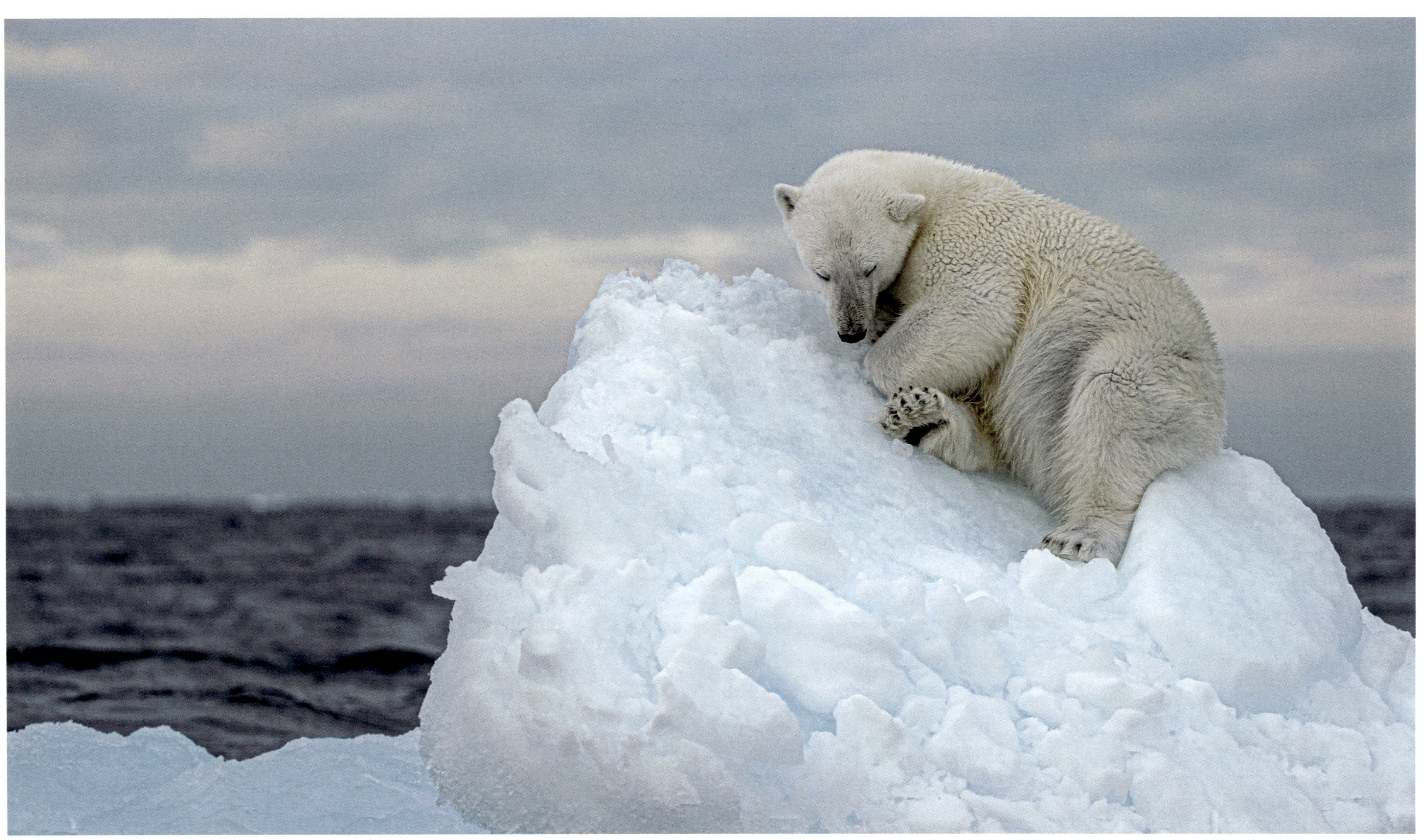

Julio Castro Pardo
Fire and Ice, 2019
Plage de Stokknes, Islande – Stokknes beach, Iceland

❝ Cette image panoramique a été prise sur la plage emblématique de Stokknes en Islande. Cet après-midi-là, les derniers rayons dorés du soleil éclairaient les montagnes, illuminant le ciel comme s'il était en feu. Par contraste, l'eau de la plage était gelée, créant de très belles formations comme ce petit cercle de glace.

❝ *This panoramic image was taken at the iconic Stokknes beach in Iceland. That afternoon, the last golden rays of the sun illuminated the mountains lighting up the sky as if it were on fire and, in contrast, the water that was on the beach was frozen, creating very beautiful formations like this small circle of ice.*

14-24 mm f/2.8 Lens - 1/10 sec at f/8 ISO 100

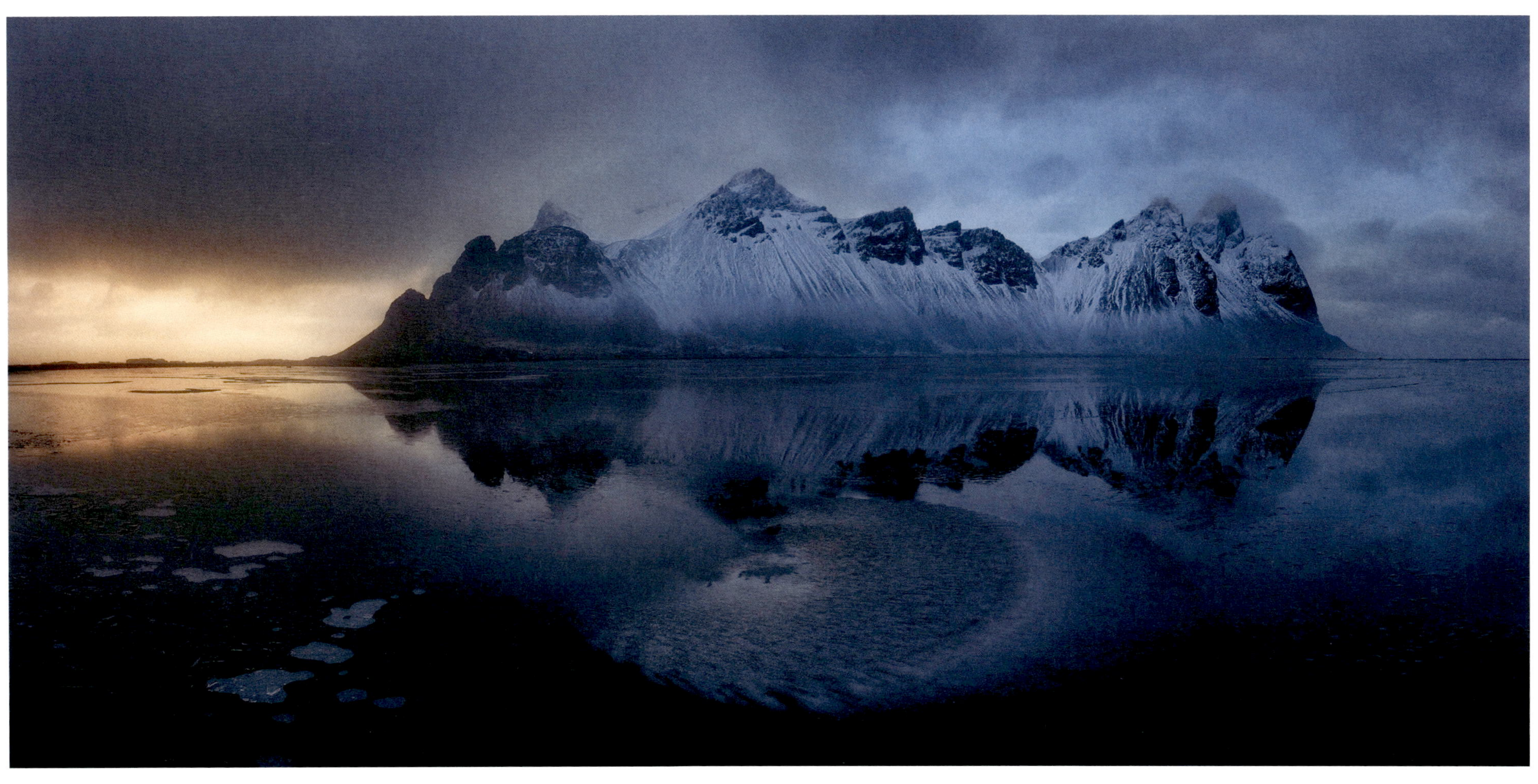

Knut M. Selmer
Svalbard Reindeer in Action, 2021
Norvège – Norway

66 Médecin de profession, je vis et travaille à Longyearbyen sur l'île de Spitzberg, dans l'archipel norvégien du Svalbard. Lors de la pandémie, les touristes étant partis, nous avons redécouverts la nature sauvage de l'Arctique. Cette photographie a été prise au mois d'octobre. À cette époque de l'année, les nuits tombent plus tôt. C'est aussi la fin de la saison des amours. Je suis resté longtemps allongé sur le sol gelé pour capturer cette scène des deux rennes mâles en train de se battre. Mais cela en valait la peine !

66 *A doctor by profession, I live and work in Longyearbyen on the island of Spitsbergen in the Norwegian archipelago of Svalbard. During the pandemic, the tourists left and we rediscovered the wilderness of the Arctic. This photograph was taken in October. At this time of the year, the nights fall earlier. It is also the end of the mating season. I lay on the frozen ground for a long time to capture this scene of the two male reindeer fighting. But it was worth it!*

---

500 mm f/4.0 Lens - 1/3200 sec at f/4.5 ISO 800

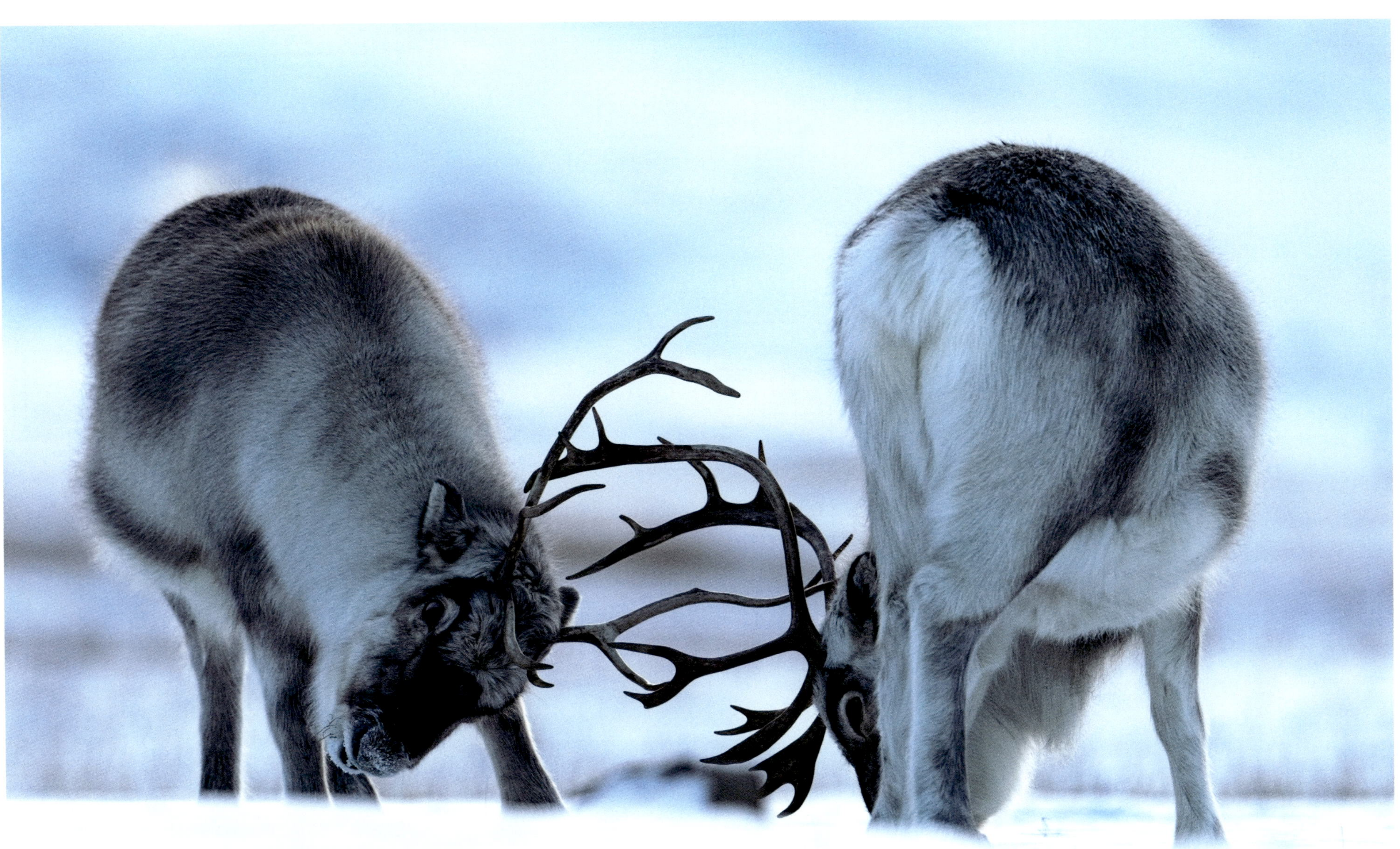

Juan Garcia Lucas (Juan PIXELECTA)
The Broken Ground, 2019
Lac Baïkal, Russie – Lake Baikal, Russia

66 L'île d'Olkhon est la plus grande île du lac Baïkal en Russie, avec près de 80 kilomètres de long. Sur cette photo, une masse rocheuse surgit, entourée de glace aux nuances blanches et bleues. Levés à l'aube pour capturer cet instant (on distingue même notre voiture !), les brisures du sol gelé guident notre regard vers un lever de soleil à -32 °C.

66 *Olkhon Island is the largest island in Russia's Lake Baikal, it is almost 80 kilometres long. On this photo, a rocky mass emerges, surrounded by ice in shades of white and blue. Waking up at dawn to capture this moment (we can even see our car!), the broken ground leads our gaze towards a sunrise at -32°C.*

11-24 mm f/4 Lens - 1/13 sec at f/11 ISO 100

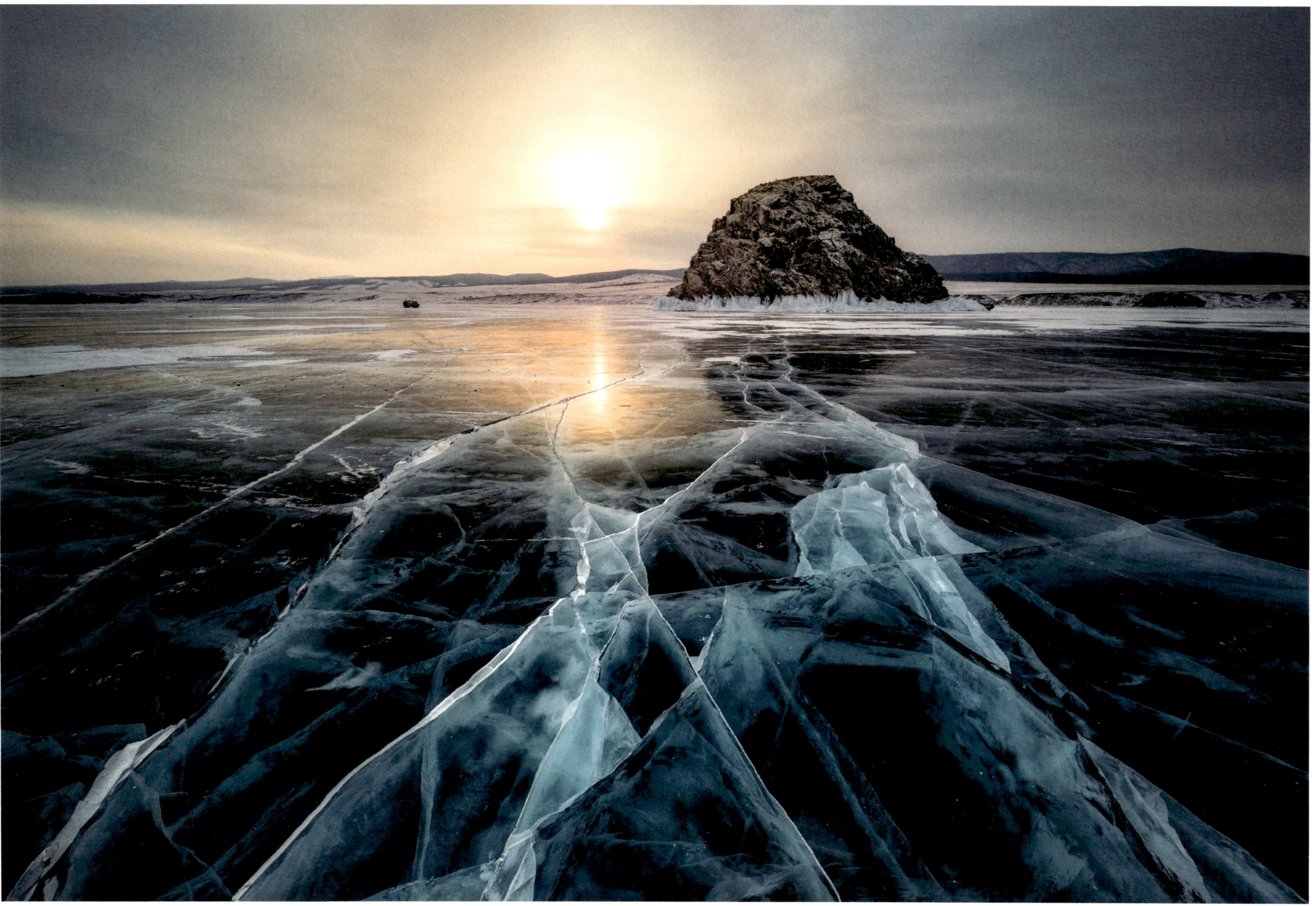

Crédits photographiques / *Photographic credits*

• Crédit de la couverture / *Cover copyright*
© Benjamin Luke - *Cloud Forest Ocelot*, 2022
@benjaminlwild – https://benlukeimages99.myportfolio.com

• Photographes / *Photographers*

Urs Albrecht : p. 67
Gabriel Barathieu : p. 53
Lilian Blot : p. 55
Roberto Bueno Hernandez : p. 31
Julio Castro Pardo : p. 97
Clément Cornec : p. 91
Mathieu Courdesses : p. 73
Juan Garcia Lucas (Juan PIXELECTA) : p. 101
Biplab Hazra : p. 33
Jari Heikkinen : p. 77
Majid Hojati : p. 27
Christian Horras : p. 57

Vasily Iakovlev : p. 89
Vijay S. Jodha : p. 45
Kirstin Jones : p. 85
Panos Laskarakis : p. 75
Haikun Liang : p. 71
Benjamin Luke : p. 79
Laszlo Maraczi : p. 29
Russell Millner : p. 95
Julian Morand : p. 81
Easa Lebbe Muhammed Jamsith : p. 21
Alex Mustard : p. 55
Sultan Ahmed Niloy : p. 35

Giacomo d'Orlando : p. 41
Yuri Pritisk : p. 87
Geraint Roberts : p. 59
Nicholas Samaras : p. 61, 65
Knut M. Selmer : p. 99
Yung Sen Wu : p. 51, 63
Ioana Stoicescu : p. 43
Simone Tramonte : p. 39, 47
Tran Van Hong : p. 25
Peter Whitehead : p. 93

Les textes accompagnant les photographies ont été fournis par les photographes et
rédigés sous la direction de la Fondation Prince Albert II de Monaco.
The texts accompanying the photographs were provided by the photographers and
written under the direction of the Prince Albert II of Monaco Foundation.

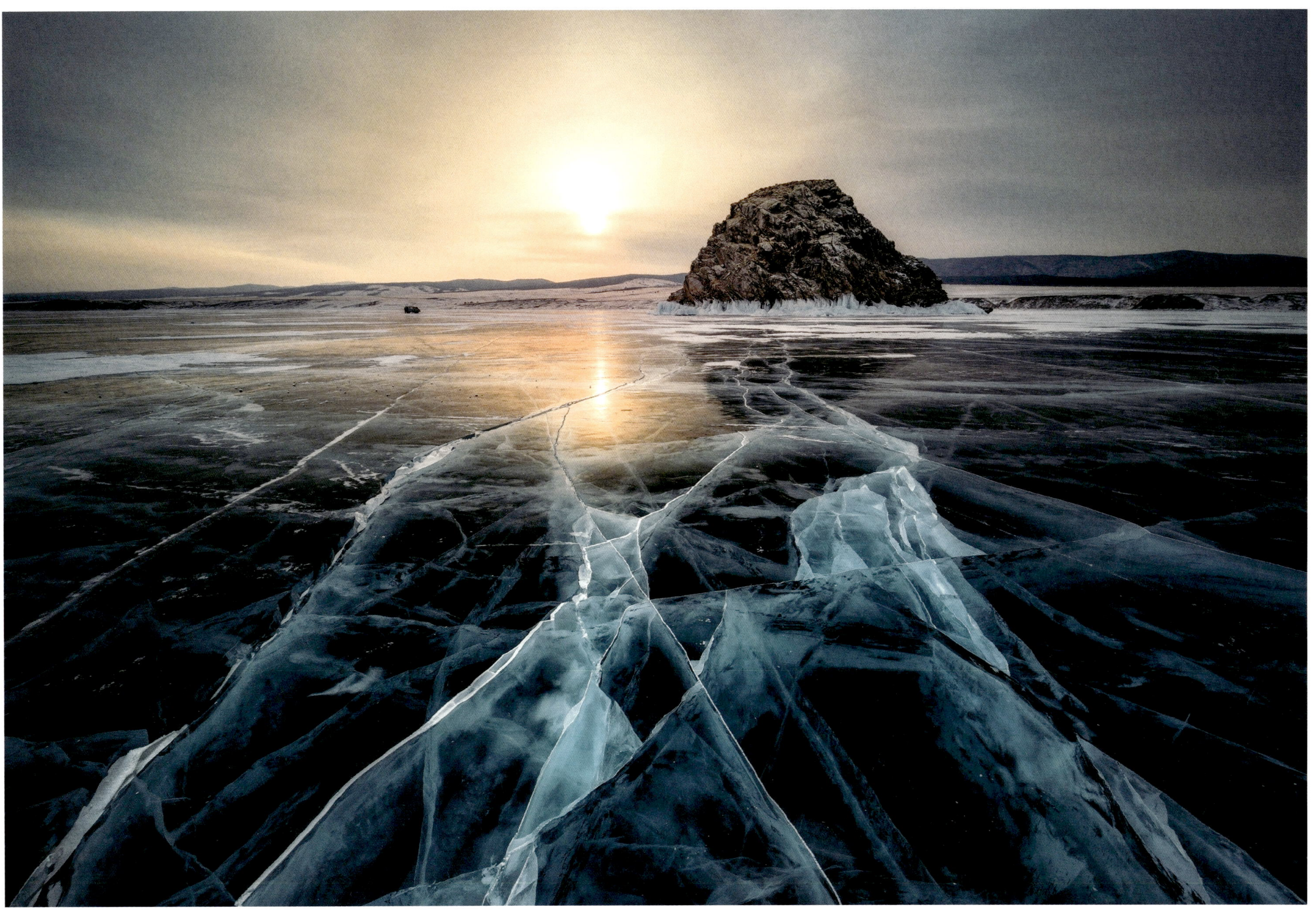

Les textes accompagnant les photographies ont été fournis par les photographes et rédigés sous la direction de la Fondation Prince Albert II de Monaco.
The texts accompanying the photographs were provided by the photographers and written under the direction of the Prince Albert II of Monaco Foundation.

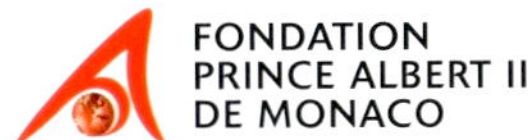

Fondation Prince Albert II de Monaco
Villa Girasole, 16 boulevard de Suisse, 98000 Monaco
www.fpa2.org

Directeur de la publication / *Publication Director*
Olivier Wenden
Vice-Président et Administrateur délégué
Vice President & CEO

Coordination éditoriale / *Editorial Coordination*
Nadège Massé
Directrice de la Communication
Communications Director
Céline Vacquier-Bekkari
Chargée de Communication, Médiation et Sensibilisation
Communications Officer - Mediation and Awareness

Conception graphique / *Graphic Design*
Aurély Antzemberger

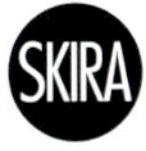

Éditions Skira Paris
14 rue Serpente, 75006 Paris
www.skira.net

Responsable des éditions / *Senior Editor*
Nathalie Prat-Couadau

Responsable du projet et de la coordination éditoriale
Project Manager and Editorial Coordinator
María Laura Ribadeneira

Chargée des projets éditoriaux et commerciaux
Editorial and Commercial Projects Manager
Meryl Mason

Relecture et corrections / *Copy-Editing*
Mathilde Borron

Photogravure / *Color Separation*
Litho Art New, Turin

Achevé d'imprimer sur les presses de Graphius, à Gand en Belgique / *Printed by Graphius, Ghent, Belgium*
Certifié / *Certified* Imprim'vert, PEFC, FSC
N° ISBN : 978-2-37074-203-2
Dépôt légal / *Legal Deposit* : Novembre / *November* 2022